普天之下・盡是好書
普天出版家族
Popular Press Family

凌雲文創
A-Plus Creative Company

一個輝黃盛世的締造者，一個血腥殘暴的殺人狂

永樂大帝

明成祖朱棣

EMPEROR OF
THE MING DYNASTY

指點江山 著

他是毀譽參半的歷史人物，也是充滿謎團的帝王，有人誇讚他功業遠遠超越漢唐，但也有人數落他比秦始皇還殘暴，是恐怖的殺人狂。
他既是一代雄主，也是權謀高手，費盡心機發動奪權戰爭，坐上皇帝寶座後，憑著鐵血手腕，締造輝煌而傳奇的永樂盛世！
他就是永樂大帝，明成祖朱棣。

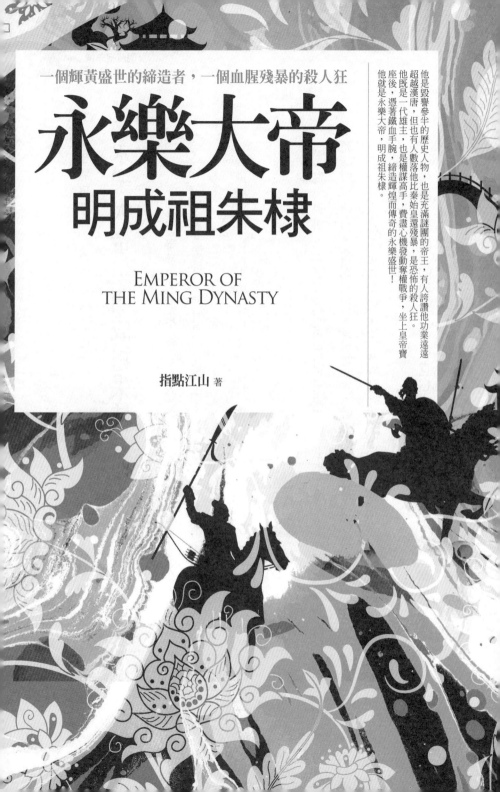

【出版序】

永樂大帝：明成祖朱棣

•指點江山

> 他是毀譽參半的歷史人物，有人誇讚他功業遠超越漢唐，也有人數落他比秦始皇還殘暴。他既是一代雄主，也是權謀高手，締造了輝煌而傳奇的永樂盛世！

說起明朝，大家自然而然會想到開國皇帝朱元璋。朱元璋大名如雷貫耳，一生充滿傳奇色彩，當過和尚、當過乞丐，幹過盜寇，最後成爲一代帝王。

一三六八年正月初四，朱元璋在今天的南京登基稱帝，年號洪武，揭開了大明王朝高壓統治的序幕。

生性多疑殘暴的他不分清紅皀白大殺四方，光是四大案（胡惟庸案、空印案、郭桓案、藍玉案）就殺了十多萬人，同時間還有成千上萬貪污被殺的官員、莫名其妙被整死的地主與文人，簡直就是人間大屠殺。

朱元璋人格扭曲、心理黑暗，但清朝皇帝還是給了他不錯的評價：治隆唐宋。

朱元璋有二十六個兒子，儘管內定的接班人太子朱標早逝，但並不缺乏繼承人。詭異的是，臨終前幾年，他決定把皇位傳給孫子朱允炆。這個決定引發了一場耗時三年的奪權戰爭，歷史上稱爲「靖難之役」。

發動「靖難之役」奪取政權，把建文帝朱允炆從皇位趕下台的主角燕王朱棣，便是後來歷史上赫赫有名的明成祖，號稱永樂大帝。

朱棣城府深沉，驍勇善戰，以「奉天靖難」爲名，用三年時間奪下皇位。他繼承老爹朱元璋的優良血統，武力篡奪皇位後雖然繼續當殺人狂魔，把文臣武將當豬宰，但好歹建立了一個可以拿來說嘴的輝煌盛世。

和中國歷史上的那些聲名赫赫的君王相比，朱棣稱得上是雄才大略又深具影響力的皇帝。在位二十二年期間，他幹了不少轟轟烈烈的大事，無論文治武功都有值得稱許之處。

在內政方面，朱棣改善了朱元璋皇權壟斷一切的政治形態，確立內閣制度，成爲明朝政治體制的重要特點。

發展經濟之餘，他致力開拓疆域，把國都從南京遷到北京，重新修建北京城，疏通大運河，發展漕運，使大運河成爲南北運輸大動脈。

在對外方面，爲了維護大明帝國版圖的穩定，他曾親率大軍五次遠征漠北，徹底根除了蒙古政權再次崛起的可能。爲了管理邊域，他在東北設立奴爾干都司衛所，在西南開設貴州布政使司，在越南北方設立交阯布政使司，利用宗教籠絡手段，加強對西藏地區的掌控。

在宣揚國威方面，除了派使臣前往西域，更組建了當時世界上最龐大的船隊，派鄭和七下西洋，一直航行到非洲東海岸，是人類歷史上最浩大的航海壯舉。

在文化成就方面，爲了誇耀永樂盛世，他下令修纂《永樂大典》，按照百科全書方式分類編修，堪稱是中國歷史上最大型的類書。相較於《四庫全書》對書籍任意刪修與竄改，《永樂大典》兼容並蓄地保存了各類書籍的原本內容。

朱棣一生戎馬，洪武十三年（一三八〇年）到北平就藩之後，多次參與北方軍事活動，兩次率師北征，招降蒙古乃爾不花，並曾生擒北元大將索林帖木兒。

後來發動「靖難之役」，眞刀實槍和朝廷打了三年硬仗，終於搶下皇位。當上皇帝後，他仍然喜歡帶兵作戰，最後病死於征途。

朱棣是一個毀譽參半的歷史人物，有人誇讚他「成功駿業，卓乎盛矣」，也有人說他是恐怖帝王、殺人狂魔。

清朝皇帝對他的評價相當高：遠邁漢唐。意思是他的生平功業遠遠超越中國歷史上的漢唐盛世。不過，稱讚他開創輝煌盛世的同時，又補了一句：暴於嬴秦。意思是，這個人比秦始皇嬴政還要殘暴！

朱棣奪取皇位的過程殺人如麻，奪得皇位後更大肆殺戮，被評爲中國歷史上殺人最多的帝王之一。爲了加強專制統治，嚴密掌控全國官員、軍民，他重用身邊的宦官，強化錦衣衛，並成立東廠特務機構，開創了特務政治的惡劣先例，也種下明朝中葉後宦官專政的禍根。

本書參酌各類史書，用風趣的語言解讀明成祖朱棣與永樂王朝的各大歷史事件，在現代的視野、全新的觀點、詼諧的文字鋪陳下，將原本枯燥乏味的歷史變得趣味橫生。書中有著紮實的內容、引人入勝的敘述和評論、犀利獨特的觀察角度，透過本書，讀者將看清最眞實的永樂大帝鮮活面貌。

燕王朱棣的野望

通往帝都之路

激情燃燒的永樂歲月

暗潮洶湧的奪嫡鬥爭

燕王朱棣的野望

朱棣臉色倏然一變，難掩內心的震驚。送一頂白帽子當見面禮？什麼意思？這個和尚貌不驚人，卻說出驚天動地的話，直擊朱棣的心。

第 1 章

撲朔迷離的生母之謎

關於朱棣的生母，後代的史學家頗多質疑，認為他的生母很可能是來自高麗。既然朱棣不是馬皇后所生，那為什麼要一口咬定馬皇后就是自己的老媽呢？

自古以來，想當皇帝就只有兩條路。

第一條路是眞刀眞槍鬧革命，不管你以前是要飯的、種田的，還是打工、打劫的，只要有本事、夠狠夠毒，能推翻現任的掌權者，那這個皇帝就由你來做。明太祖朱元璋就是最好的典範。

第二條路，就是很會投胎，選個現成的皇帝當老爹，而且幸運地成爲皇帝老爹心目中的最佳繼承人。朱元璋的大兒子朱標差點就成爲典範之一，只可惜命薄早逝，沒能坐上皇位。

一般來說，繼承人的資格不是那麼好取得的，兒孫衆多的，通常由嫡長子繼承；身後無子嗣的，則選擇兄弟或子侄來繼承。雖然很多皇帝都想根據自己喜好選擇繼承人，但是在所謂的法統面前，很少有好下場。

朱元璋的性慾和權慾成正比，生了二十六個兒子，長子朱標又特別優秀，原本不用爲了帝國繼承人而發愁。但是，天有不測風雲，身爲太子的朱標太不給力了，年紀輕輕就駕鶴西歸。

帝國接班人身亡，麻煩可大了，接下來便是難以預料的皇位之爭。儘管朱元璋欽定皇孫朱允炆爲繼承人，但分封於各地的親王仍對皇位虎視眈眈，其中又以燕王朱棣對朱允炆的威脅最大。

朱棣是朱元璋的第四個兒子，也就是後來的明成祖，威名赫赫的永樂大帝。衆所周知，就像現代的影視劇上檔前需要強力宣傳，古代帝王或重量級人士即將出場時，老天爺也會進行預告，深怕大家不知道這些人物的重要。

老天爺花招百出，常常搞出一些嚇死人的祥瑞或不可思議的異象。根據《奉天靖難記》的說法，四阿哥朱棣出生之時「雲氣滿室，光彩五色，照映宮闈，連日不散」，甚得朱元璋、馬皇后寵愛。

不過，不少歷史學者吐槽，這部書是朱棣即位後找人編寫的，內容專門吹捧自己、詆毀政敵，可信度相當低。事實上，剛剛出生的朱棣，並沒有誰看出他哪裡與衆不同，也沒有人期盼這個孩子日後會有什麼驚人作爲，當時，根本就沒有人有閒工夫去注意他。

爲什麼？

因爲，朱棣挑了一個最不適當的時間登場。比起大阿哥朱標，朱棣無論是出生時間，還是出生地點，都糟透了。

朱標生於元順帝至正十五年（一三五五年），出生時，朱元璋剛好打了一系列勝仗，在應天府（南京）建立起自己的割據政權，革命事業欣欣向榮。滿腦子封建思維兼神神道道的老朱，自然會認爲朱標的出生是老天爺的恩賜，再加上這是他的第一個兒子，欣喜、激越之情不難想像。

至於朱棣，則出生於至正二十年（一三六〇年）四月十七日，對他的老爹朱元璋來說，實在不是一個好時機。

當時，以應天府爲根據地的朱元璋正打著紅巾旗號，和各方勢力爭奪地盤。鄰近的兩名勁敵則虎視眈眈想要聯手消滅他，位在長江上游的是陳友諒，位在長江下游的是張士誠。

那幾年兵馬倥傯，朱元璋忙著和競爭對手交戰，而且戰況膠著，勝負難料。朱棣出生之時，陳友諒正發兵攻打太平，應天岌岌可危。軍情緊急，朱元璋甚至來不及看這個初生的兒子一眼，便急急奔赴前線指揮作戰了。

朱棣滿月時，朱元璋和陳友諒又爆發了慘烈的龍灣之戰。

因爲常遇春坑殺降敵，導致陳友諒不顧一切率領他的無敵艦隊直奔應天而來。

當時的朱元璋，水軍力量相對薄弱，原本不想這麼早就與陳友諒正面交鋒，萬萬沒想到局勢變得如此緊張，沒辦法，只得倉皇應戰。

陳友諒來勢洶洶，轉眼攻下采石，眼看就要拿下應天的最後一道屏障太平。壞消息一波波傳來，絕大多數人都心驚膽寒。有些人跟隨朱元璋的時間還不長，到了危急存亡的時候，滿腦子想著怎麼跑路保命。

一時之間，應天城雞飛狗跳，慌亂不已。

雖然最後朱元璋使出詭計，擊敗頭腦不怎麼靈光的陳友諒，解了應天之圍，但此時距離朱棣出生已經一個多月了，再怎麼掐算，朱元璋也不會認爲勝利是這個新生兒帶來的好運。

再加上當時朱元璋已經生了三個兒子，對兒子出生的喜悅早就沒那麼強烈，這個兒子在他心中的份量，幾乎只是紓解緊繃情緒的床上活動的附贈品。

朱棣出生之時，前面已經有了朱標、朱樉、朱棡三個哥哥。

根據《明史·成祖本紀》和其他官方史書記載，他的生母是「孝慈高皇后」，也就是朱元璋的元配馬皇后。

只不過，關於朱棣的生母，後代的史學家頗多質疑，認爲其中暗藏蹊蹺。

近代歷史學家進行考證，指出馬皇后並未生育，朱標、朱棪、朱棡三人是其他妃子所生。至於朱棣，傅斯年和吳晗等知名學者認爲，他的生母很可能是來自高麗的碽妃，也有另一派學者認爲是蒙古女子甕氏。

這位異族女子在正史中並未留下記載，懷上朱棣之時，正是朱元璋和陳友諒、張士誠交戰最激烈的時刻。

第二年，這位來歷不明的女子，又生下後來被封爲周王的朱橚。生完兩個兒子後，她就人間蒸發了。

或許你會納悶，既然朱棣不是馬皇后所生，那爲什麼要認「馬」作母，一口咬定馬皇后就是自己的老媽呢？

其實，這只是爲了抬高自己的繼承地位，將奪取皇位的行爲合理化。如果他不硬說自己是嫡子，而是某個來路不明的嬪妃所生，那他就很難理直氣壯和侄子朱允炆搶奪龍椅，陰謀篡位的罵名就更加坐實了。爲了杜絕天下悠悠之口，爲了鞏固奪權的正當性，無論如何，他都必須把自己說成是馬皇后的親生兒子，而且從小備受雙親寵愛。

朱棣奪權後，立即進行一系列漂白工程，除了重修《明太祖實錄》，竄改、捏造史實，又命人編寫《奉天靖難記》美化自己的行爲，開頭就說：「今上皇帝，太祖高皇帝第四子也。母孝慈高皇后，生五子，長懿文皇太子，次秦王，次晉王，次今上皇帝，次周王也。」

文中強調，他是貨眞價實的嫡子，是馬皇后所生的第四個兒子。朱元璋駕崩之時，太子朱標、秦王、晉王都已相繼去世，皇位自然得由他繼承。

後來再修《天潢玉牒》時，則推翻這個說法，指稱馬皇后只生下兩個兒子，就是他朱棣和周王朱橚，至於太子朱標、秦王、晉王，則是「諸母所生」。

照嫡長子繼承皇位制度，他就是嫡長子，本來就應該由他繼任皇帝。朱標雖然是長子，卻是「諸母所生」，根本沒有繼承權，更遑論建文帝朱允炆了。

歷史是寫給後人看的，大多數人認爲歷史是爲了記載事實，卻忽略了，有時候歷史恰恰是爲了遮掩事實。

朱棣一直對外宣稱自己是馬皇后所生，不過有蛛絲馬跡顯示，他明確知道自己的生母是誰。

根據民間傳說，朱棣奪得皇位後，爲了報答皇考和皇妣的「罔極大恩」，在南京城內修建了大報恩寺。大報恩寺被譽爲中國歷史上規模最大、規格最高的寺院，寺中的琉璃寶塔更被稱爲世界建築史上的奇蹟，號稱天下第一塔。

清末民初著名的方誌家陳作霖在《養和軒隨筆》中說：「予幼時游城南大報恩寺，見正門內大殿封閉不開。問諸父老云：此成祖生母碽妃殿也。」

相傳，在大報恩寺正中位置，那座最爲輝煌壯麗的大雄寶殿，平日殿門緊閉，任何人都不能進入，顯得神秘莫測。直到滿清入關，揮軍攻進南京，才揭開它的神秘面紗。原來，大殿裡面供奉的並不是佛教眾神，也不是朱棣口口聲聲要報恩的朱元璋和馬皇后，而是他的生母——碽妃的牌位。

相對於大報恩寺的傳聞，《南京太常寺志》也有類似記載：「孝陵祀太祖高皇帝、高皇后馬氏。左一位淑妃李氏，生懿文太子、秦湣王、晉恭王，左二位皇妃生楚王、魯王……右一位碽妃生成祖文皇帝。」

傅斯年、吳晗等學者之所以認定朱棣是朝鮮碽妃所生，便是根據這份記載。

至於碽氏是高麗人還是蒙古人，還沒有人搞得清楚，歷史學家研究了那麼多年，仍未研究出個子丑寅卯，這個女子的來歷、生平付諸闕如，只知道她生了燕王朱棣和周王朱橚。或許，她在人世的所有痕跡，都被她兒子朱棣抹去了。

第 2 章

前往北平當燕王

胡惟庸謀反案爆發，朱元璋開始大肆屠殺功臣。在肅殺的政治氣氛中，二十一歲的朱棣率領文武官員前往北平就藩。

身爲朱元璋的長子，太子朱標閃閃發亮的光環，一直掩蓋過其他兄弟，其中也包括朱棣。

出生在戰火中的朱棣，沒能享受他的大哥朱標那樣優渥的待遇。朱元璋征戰天下之時，朱標是長子；稱王後，他是世子；稱帝後，又成爲理所當然的太子。無論走到哪裡，人們對朱標都畢恭畢敬，不敢有一絲怠慢。這本是人之常情，誰不知道應該竭力巴結未來的天子？但是，在朱棣幼小的心靈，卻深深覺得不公平。同樣是老爹的兒子，爲什麼待遇就差這麼多？

朱標從小備受呵護，讀聖賢書，學治國術。至於朱棣，則像沒人管的野孩子，成天在軍營裡亂跑亂竄，跟著士兵接受操練。就這樣，朱棣在那個風起雲湧的年代，在那個名將四起的年代，學會了很多朱標一輩子也學不到的，比如作戰，比如行軍，比如殺戮。

跟隨在徐達、常遇春等一票武將身邊，朱棣接觸到更多的鮮血，更多的死亡。那個時代，沒什麼幼兒成長教育觀念，誰也不知道，目睹過多的殺戮會給一個孩子留下什麼樣的陰影。

但朱棣的表現超出了所有人的意料，經歷過最開始的恐懼期後，小小年紀的他居然開始接受，開始興奮。

他和他老爹朱元璋一樣，有著相當嚴重的暴力傾向。他看到了戰爭毀滅性的力量，認清所謂戰爭，就是用無數士兵的性命進行博弈。

戰爭，在朱棣眼裡不僅是獲取需求的手段，還是一門深奧的學問，他要儘快掌握這門學問。他明白，只要大哥朱標在位的一天，他就不可能過上如同太子一般的生活。他也明白，老爹孜孜不倦地生那麼多兒子，他必須與眾不同，才有可能獲得更多的關注。

朱棣喜歡戰爭，喜歡這門暴力美學，他努力學習如何拼殺，如何指揮，然後一點一滴地用武力爭奪自己想要的東西，其中也包括皇位。

不過，朱棣開始認眞盤算奪取皇位之前，他一直是朱元璋聽話、能幹的兒子，朱標和善、恭敬的弟弟。一開始，他的腦海裡可能沒想過手足相殘之類的事，他需要力量，只是為了得到自己想要的。然而事態演變往往出人意料，帝國接班人朱標翹辮子後，情勢開始急遽轉變。

朱標是被當做治理天下的君王來教導的，朱棣則是在眞實而殘酷的戰火中，淬煉成為一名職業軍人。成長背景的不同，決定了朱棣看待問題和解決問題，都會採取和朱標不一樣的模式。

軍人崇尚暴力，解決事情最直接、最有效手段就是戰爭，誰的實力強，誰就有決定權。

這一點，朱棣和朱元璋非常相像。他們都信奉力量，都喜歡用實力說話。此外，他們都懂得隱忍，還沒有十足把握之前，絕不會貿然出擊。朱標傳承了馬皇后寬大仁厚的心性，至於朱棣，則完全接收朱元璋那套行事風格。

七歲以前，朱棣和其他兄弟是沒有名字的，直到至正二十七年（一三六七年）天下大勢底定，朱元璋準備登基稱帝，才到太廟告祭祖宗，給他所有的兒子取了正式的名字。

這年十月，朱元璋南征張士誠、方國珍等割據勢力的同時，決定以徐達爲征虜大將軍、常遇春爲副將軍，統率二十五萬大軍水陸並進，北伐中原消滅蒙古政權。元朝雖調集各部兵馬做困獸之鬥，無奈大勢已去，元順帝妥懽帖睦爾帶著太子、家眷倉皇北逃。

第二年，一三六八年正月初四，朱元璋在百官勸進、擁戴下，於郊壇即帝位，國號大明，改元洪武，同時立馬氏爲皇后，朱標爲皇太子。這年八月，明朝大軍攻入元大都，元朝至此滅亡。

洪武二年，朱元璋開始琢磨，歷代地方割據和叛亂嚴重威脅皇權，一定要記取宋、元兩代皇室孤立的教訓，決定把兒子分封到全國要地，以此「夾輔王室」。

洪武三年，西元一三七〇年四月，朱元璋大封功臣，也首次分封藩王。此時，朱元璋已經生了十個兒子，老大朱標封爲太子，其餘九個兒子，老二朱樉爲秦王，封地在西安；老三朱棡爲晉王，封地在太原；老四朱棣爲燕王，封地在北平；老五朱橚爲周王，封地在開封；老六朱楨爲楚王，封地在武昌；老七朱榑爲齊王，封地在青州；老八朱梓爲潭王，封地在長沙；老九朱杞爲越王，受封一年就去世；老十朱檀爲魯王，封地在兗州。

朱元璋之所以迫不急待冊封藩王，除了想日後由兒子們把守各地重鎮，還暗藏著一層不能言說的心思——此時他已經打算用自己的兒子取代那班開國功臣。

這些功臣以前跟朱元璋稱兄道弟，隨著他一起打天下，如今江山底定，他們個個權力在握又居功自傲、結黨營私，讓朱元璋心生疑懼。他開始籌謀著剷除權臣，鞏固自己的朱家天下。

爲了實踐計劃，朱元璋繼續努力生小孩，但是他似乎忽略了漢代、晉代分封諸王衍生七國之亂、八王之亂。把兒子們封爲藩王，正式就藩後，既有領地，又統轄文臣武將，還能調度軍隊，實際上成了一個個獨立王國。朱元璋在世之時還能威壓，一旦他兩腿一蹬，隨時都可能鬧出大禍亂。

有些史書說，就封地來看，朱棣被封爲燕王，象徵著朱元璋已經開始注意到這個兒子的軍事才能。這未免吹捧過頭了，這時朱棣才十歲，十歲的小屁孩能展現什麼軍事才能？

比較客觀的說法是，大明王朝剛剛建立，需要穩定的政經環境，嚴防蒙古人再度入侵，這時把二子朱樉封到西安當秦王，把三子朱棡封到太原當晉王，把四子朱棣封到北平當燕王，意味著將來朱元璋要把鎮守邊關的重責大任交給三名年紀較大的兒子。

正式到北平就藩之前，朱棣一直在首都應天和老家鳳陽接受軍事訓練。

朱元璋培養兒子，期盼他們日後能取代功臣，鞏固大明江山，帶兵打仗必不可少，因此習武列爲重要項目。朱元璋規定，諸王不僅平日必須參與閱武活動，還要到中都鳳陽參加軍事訓練，這就是「中都講武」。

洪武八年，一三七五年，朱元璋讓太子朱標帶領衆兄弟到中都鳳陽接受軍事訓練，唯獨朱棣另有安排，並未一同前往。

這一年，朱棣十六歲，該「冊妃完婚」了，朱元璋爲他定下一門親事，對象是開國第一大功臣魏國公徐達的長女。

徐達和朱元璋是年少時一起放牛的伙伴，後來又一起打天下，經歷了殺伐征戰的歲月，如今一個貴爲皇帝，一個是開國權臣，關係更加微妙。

朱元璋對徐達說：「你我是布衣之交，何況自古以來君臣相契就可結爲姻親，你的長女就嫁給我家老四吧。」

皇上親自上門說親，徐達就算有一百個腦袋也不敢拒絕，更何況兩人的關係確實很鐵，徐達也樂得再加深彼此關係，連連謝恩。

到了迎親這天，一大早朱棣就率領迎親隊伍到徐達府邸。在大門前，朱棣按規矩稟告門衛：「我奉制前來迎親。」

徐達親自出門迎接，帶著朱棣及迎親隊伍進入府內。經過一番簡約隆重的儀式，婚禮就算完成了。

朱棣的新婚妻子徐氏，出嫁之時十四歲，到了燕王府後以貞靜好學聞名，有個外號叫「女諸生」。「諸生」就是秀才，意思是徐氏知書達禮，才華出衆，簡直就是個百年難得一見的女秀才。

當然，這只是浮面的誇讚，究竟是不是這樣，需要時間驗證。徐氏的重要性，直到二十五年後的靖難之役才展現出來。奪位戰爭爆發後，朱棣率領大軍南下，朝廷大軍趁機圍攻北平，就在最危急的時刻，出身將門的徐氏親自率領女眷登城參戰，成功守住朱棣的大本營。

完婚後一個月，朱棣奉朱元璋之命帶著新婚妻子，前往鳳陽參加軍事訓練。兩年後，洪武十年，西元一三七七年，朱元璋特地對秦、晉、燕三位藩王的護衛進行大規模擴充。

明代的軍事編制採衛所制，一個衛五千六百人，王府的護衛從數千到數萬人不等。這個舉動說明，朱元璋打算讓他們前往封地就藩了。

洪武十一年，一三七八年，秦王朱樉和晉王朱棡接到就藩詔令，各自啓程前往封地。兩年後，洪武十三年的春天，胡惟庸謀反案爆發，朱元璋開始大肆屠殺功臣。在肅殺的政治氣氛中，二十一歲的朱棣率領文武官員、護衛、侍從，浩浩蕩蕩從江南出發，前往北平就藩。

當時的北平，是明朝北方重鎮，也是中原通往塞外、遼東的要地，重要性不言可喻。

燕王府建在元朝宮殿舊址，從史書記述來看，朱棣剛到北平的前幾年，幾乎沒什麼重大要事，除了練練兵，就是四下訪查民情。此外，便是悉心結交護衛、將士和北方軍隊，把他們變成自己的得力助手。

洪武十五年，西元一三八二年，中秋節當天，朱棣正和燕王府的文武官員歡渡佳節，突然接獲宮廷加急快報，馬皇后已於五天前病逝。

皇后去世，自然是朝廷大事，朱棣急忙動身趕赴首都南京奔喪。

眾所周知，朱元璋和馬皇后是患難夫妻，馬皇后在戰亂中陪伴朱元璋征戰天下，貢獻極大，也深受臣民愛戴。

馬皇后的葬禮於舊曆九月二十四日舉行，儀式結束後，朱棣和其餘封藩在外的藩王，無法逗留南京爲馬皇后服喪，爲了表達孝心，便請求朱元璋指派幾名高僧，隨他們返回封地，爲馬皇后誦經祈福。

這個馬屁拍得十分對味，朱元璋立即答應了。接著，一名改變明朝歷史的和尚來到了朱棣的身邊。

這個不同凡響的和尚，就是與劉伯溫齊名，號稱明初兩大軍師之一的道衍和尚姚廣孝。

第3章

黑衣宰相姚廣孝

朱棣臉色倏然一變，難掩內心的震驚。送一頂白帽子當見面禮？什麼意思？這個和尚貌不驚人，卻說出驚天動地的話，直擊朱棣的心。

道衍和尚姚廣孝，號稱是中國歷史上最有名的「黑衣宰相」。這個說法一聽就知道灌水相當嚴重，估計九十九%以上的人沒聽過這號人物，也不清楚什麼叫「黑衣宰相」。

這個人是六根不淨的奇僧，精通儒、道、釋三教奧義，當過兩代帝師，三保太監鄭和下西洋前還特地拜他爲師修習佛法。

姚廣孝一直扮演朱棣的精神導師的角色，也是靖難之役的關鍵人物，就是他全力勸說．輔佐朱棣造反奪權，趕走建文帝朱允炆。

朱棣登基之後，姚廣孝加封太子少師，負責規劃遷都事宜，並接任《永樂大典》與《明太祖實錄》編纂工作。他白天穿著黑色僧衣參與朝廷政事，晚上則回寺廟禮佛念經，沒有宰相之名，卻比宰相還有影響力，被稱爲「黑衣宰相」。

洪武十五年（一三八二年），馬皇后去世後，朱元璋很懷念糟糠之妻，特地從民間選拔十名僧人，讓他們隨各藩王到駐地誦經祈福。姚廣孝正是十僧人之一。

姚廣孝是蘇州人，法名道衍，出身醫生家庭，祖父和父親兩代行醫。姚廣孝從小天資聰穎，但對於行醫救人不感興趣，期望幹出一番大事業。某天，他在蘇州城閒逛，忽然見到街頭一陣騷動，行人紛紛避讓。從人群中望去，只見大街上一列人馬前呼後擁招搖而過。一問之下，才知原來是元朝的僧官出行。

從此，姚廣孝決心出家，當個萬衆矚目的和尚。

至正十二年，一三五二年，兩個和尚做出的人生決定，對後世歷史造成巨大影響。一個覺得當和尚沒前途，於是還俗，加入紅巾部隊鬧革命。這個和尚後來混成了帝王，他就是明太祖朱元璋，那年二十四歲。

另一個覺得當和尚前途無量，於是正式剃度，立志當帝王之師。這個和尚正是姚廣孝，最後混成「黑衣宰相」，那年十四歲。

既然出家，就該潛心修行、禮佛誦經，六根清淨才對，但姚廣孝偏不。他不是個甘心清修的和尚，居然拜了個道士爲師。

他的師父是道教奇人席應眞，也是個特立獨行的人，道教「眞籙丹法，靡不洞曉」，更精通《易經》，對陰陽術數頗有心得。

陰陽術數，是一門歷史悠久、博大精深的學問，涵蓋了宗教、哲學、曆法、中醫、書法、建築、占卜……幾乎無所不包。能把這門學問研究透徹，簡直就是逆天的奇才。

姚廣孝把陰陽術數學得精通，無奈派不上什麼用場，既不能靠這些學問去參加考試，也不能拿著辛苦的學習成果去給人看風水。對此，姚廣孝很鬱悶。

於是，他開始研習兵法，也和蘇州當地著名的才子、儒生交遊往來，號稱「北郭十友」。姚廣孝兼通儒、道、釋，圈子裡的朋友誇讚他：「有當世之才，雖自匿，欲有所用之。」認為有朝一日，他必定能大展長才。

某天，為了排憂解悶，姚廣孝決定外出走走，走到嵩山時，突然冒出一個人攔住他的去路。難不成遇上土匪攔路搶錢了？

不，攔住他的是一個相士，硬要免費幫他算一卦。

這個閒得蛋疼的相士相當知名，名叫袁珙。根據《明史》記載，袁珙拉住道衍後，也不說什麼「你最近有血光之災」或是「你紅光滿面，將有好事臨門」之類的套語，直接驚歎：「歐買尬！你真是個奇異的和尚！」

這句話讓姚廣孝停下了腳步，等待他說出下文。

袁珙接著說：「目三角，形如病虎，性必嗜殺，劉秉忠流也。」

意思是說：你長了一對三角眼，形貌好像生病的老虎，你這個人一定嗜好殺戮，是劉秉忠那樣的人。

劉秉忠是什麼人？他也是個不尋常的和尚，當年忽必烈建立元朝，就是劉秉忠從旁出謀劃策，才能建立不朽的功勳。身爲一代奇僧，劉秉忠同樣精通天文地理、易數曆律，也是個混合型人才。

要是平常人走在街上，平白無故被人拉住，然後劈頭蓋臉說你喜歡殺人，恐怕早就和算命的當街掐架了。但姚廣孝不是平常人，他的反應很耐人尋味。史書記載，聽了袁珙的話後，「道衍大喜」。

姚廣孝很高興，之前鬱悶的心情一掃而空。由此可見，他眞是個不安於現狀的和尚，說他像劉秉忠，不但高興，還「大喜」。看來，他很欣賞這個和尚前輩，還把他視爲學習的榜樣。

《明史》記載的另一件事，也說明了姚廣孝不是甘於平凡的出家人。

朱元璋曾經舉行過一次考試，命令天下學有所成的僧人都來參加，姚廣孝也去了，結果卻令他很不滿意。考試結束後，成績優異的人並沒有授官，朱元璋只賞了件衣服就把他們打發回去了。

回去的路上，姚廣孝經過北固山，有感而發，寫下懷古詩篇：「譙櫓年來戰血乾，煙花猶自半凋殘。五州山近朝雲亂，萬歲樓空夜月寒。江水無潮通鐵瓮，野田有路到金壇。蕭梁事業今何在，北固青青客倦看。」

北固山是三國故地，位於江蘇東北長江邊，山勢險要，號稱「京口第一山」，自古以來便是兵家必爭之地。著名詞人辛棄疾在這裡寫下一首《永遇樂》，道盡了英雄志士懷才不遇的無奈。

同行的僧人聽到姚廣孝感慨吟詩，驚訝地說：「這是和尚應該說的話嗎？」

姚廣孝笑了笑，沒有答話。

其實，聰明人一聽就知道這個和尚想幹什麼。他不是清心寡慾的出家人，不甘心一生庸碌無爲，不甘心這一生和青燈古佛相伴而終。他要的是實實在在的抱負得償，幹一番覆雨翻雲的大事。

他並不貪財，也不好色，高官厚祿於他只是過眼雲煙。他唯一期盼的，就是證明自己的能力，證明自己是這個世界不能缺少的力量。因此，他選擇了一條尋常人不會走的奇險道路，決意攪動塵世濁浪，令天地變色。

姚廣孝在等待，等待一個可以給他這樣機會的人。終於，這個人出現了。

根據史書記載，姚廣孝是在九月二十四日，也就是馬皇后發喪那一天，從蘇州來到京師南京城。

當時宮殿中，和姚廣孝一樣待選的和尚還有九位，誰也不知道自己究竟會被哪個王爺挑中，今後又將去往何方。

姚廣孝絲毫沒有忐忑焦慮的神情，顯得淡定而又成竹在胸。

不一會兒，宮殿外響起腳步聲，姚廣孝知道改變一生命運的關鍵時刻到了。

《明史紀事本末》說，當燕王朱棣和兄弟們一起走進來時，一個面容沉靜的和尚也不打招呼，逕自對著朱棣小聲說：「王爺，請允許我跟隨您前往燕王府，我會送一頂白帽子當見面禮。」

朱棣聽到這話，臉色倏然一變，難掩內心的震驚。

送一頂白帽子當見面禮？什麼意思？

聰明人對話，總是暗藏玄機，朱棣當然不至於膚淺到按照字面意思，把這話理解爲姚廣孝要送給他一頂服喪戴的白色孝帽。所謂的白帽子，另有深意。

朱棣貴爲燕王，王字上面加個白字，不就是皇帝的皇嗎？身爲皇帝的兒子，鮮少人不夢想自己也當上皇帝，那種君臨天下、唯我獨尊的權力快感，使得歷代皇子皇孫趨之若鶩。朱棣當然有主宰天下的雄心，只不過，他那個溫文儒雅、深得民心的太子哥哥，此時還好端端地坐在東宮裡，他怎麼可能有機會？

面前這個和尚貌不驚人，卻說出驚人話語，直擊覬覦皇位的朱棣的心。

朱棣同意姚廣孝跟隨自己之後，姚廣孝淡淡地笑了。他知道，自己的命運已經和朱棣牢牢拴在一起，從此以後，要嘛踏上奪權的不歸路，走向最後的勝利；要嘛老死在燕王府，鬱鬱不得志。

姚廣孝堅信，燕王朱棣絕對是不甘雌伏的英雄霸主，而自己則是輔佐他奪取皇位的帝王之師。

十月一日，姚廣孝抵達南京見到朱棣的第六天，便隨燕王府的衛士先行乘船前往北平。朱棣回到北平之後，刻意安排他到慶壽寺當住持。慶壽寺離燕王府很近，出入王府很方便，更特別的是，裡頭有一座元朝開國功臣劉秉忠的九層墓塔。

把一代奇僧劉秉忠當作榜樣的姚廣孝，從此頻繁進入燕王府和朱棣密談，兩人的奪嫡行動就此揭開序幕。

第 4 章

這個傢伙太可怕了

在這場競賽中，朱棣硬生生把朱棡比了下去。兵不血刃大獲全勝，是戰爭的最高層次。年輕的朱棣第一次上戰場就技驚四座，實在讓人驚歎。

朱棣回到北平的第二年，他的岳父徐達奉命到北平主持軍務，可是不久就病倒了，被接回南京休養。

幾個月後，徐達病情突然惡化，於一三八五年二月不治身亡。

民間盛傳，徐達患有「背疽」，忌吃鵝肉，但朱元璋居心叵測，硬是賜他一隻「蒸鵝」，徐達流著眼淚把鵝肉吃完，不久就毒發而亡。

徐達死後，由長子徐輝祖繼承魏國公爵位。

這件事對朱棣而言，一則以悲，一則以喜。悲的是，徐達和朱棣關係密切，又是他的丈人，悲傷自然難免。喜的是，長期主持北方軍務的統帥徐達凋亡，身為鎮守北方的主要藩王之一，朱棣終於有了掌握軍權、一展身手的機會。

朱棣絲毫沒覺得封地在北平有什麼不好，相反的，隨著年紀增長，他彷彿找到了釋放自己激情與熱血的地方。

封地邊上，就是虎視眈眈的蒙古人。朱棣在跟這些蒙古騎兵對抗中，實際檢驗自己以往所學到的一切技能。慢慢地，他發現，實踐永遠比教科書來得深刻。

在震天的嘶吼聲中，他學會了怎樣讓自己保持一個將領應有的冷靜，而在堆積成山的屍體和血流成河的慘烈畫面前，他明白了生命的脆弱。千千萬萬個士兵，千千萬萬條生命，他們也許沒有報國的壯志，也沒有和敵人誓不兩立的仇恨，只是為了活命才加入了軍隊。但是，戰爭最終奪去了他們的生命。

朱棣心裡明白，他的大哥朱標從小學的是治國之道，不太可能上戰場殺伐，要掌握的是如何治理朝政，如何為百姓撐起一片天。至於自己，則註定要與戰爭相伴一生。鮮血固然可怕，死亡雖然恐怖，但這些都是不可避免的，是戰爭這門暴力美學的副產品。

朱棣喜歡戰爭，喜歡鑽研戰爭這門學問。

現在，檢驗成績的時刻到了。

北元，這個朱元璋的老對手，大明王朝最不安分的壞鄰居，被趕出中原這麼多年，依舊沒打算刀槍入庫、馬放南山，時不時還成群結隊回來觀光旅遊，緬懷舊日時光，順便燒殺擄掠。

朱元璋怎麼能容忍北元的殘兵游勇在自家地盤上撒野？可氣人的是，這些人來了就搶，搶了就跑，跑不掉就打，打不過就繼續跑，折騰得明朝軍隊罵爹罵娘。

朱元璋一直想砍死這些王八蛋，把潛伏在大漠的北元力量肅清，怎奈建國之後百廢待興，加上猜忌那些能征善戰的武將，實在挑不出人選來教訓這些野蠻份子。隱忍了這麼多年，現在總算能出一口惡氣了，有一個人可以替他去執行這項任務，而且忠誠度絕對沒問題。

這個人，就是他的第四個兒子，燕王朱棣。

洪武二十三年（一三九〇年）正月初三，春節還沒過完，朱元璋就命令燕王朱棣和晉王朱棡分率部隊出征漠北，目標爲北元丞相咬住和太尉乃爾不花。

這是一次考試，一次雙向考試。既是朱元璋測驗兒子能力的考試，也檢驗自己眼光的考試，他比任何人都希望這兩個兒子能帶回好消息。

此時正值隆冬，加上北元活動範圍是遼闊的荒漠和草原，爲了確保此次考試能夠順利進行，朱元璋派了幾名得力幹將跟隨皇子出征。

《明史紀事本末》說，朱元璋命傅友德爲大將軍，率列侯趙庸、曹興、王弼、孫恪等赴北平訓練軍馬，聽燕王節制，出征沙漠。

傅友德等幾個大將身經百戰、閱歷豐富，由他們隨軍出征，既能助勢助威，萬一戰局失利，也能保駕、救援。

這是朱棣第一次掛帥出征，率領部隊出古北口後，面對一望無際的荒原，並未像晉王那樣盲目躁進，而是與部將商議說：「敵人居無定所，塞外又遼闊無垠，必須先探知敵人行蹤，才能出師制勝。」接著，派出先鋒騎哨四處偵察敵人下落。

三月，先鋒偵察部隊終於傳回消息，在迤都發現了乃爾不花的蹤跡。找到了敵人，朱棣立即帶領大部隊，朝令他心馳神往的戰場急急前進。

三月的江南已是鶯飛草長，但三月的漠北仍舊天寒地凍，而且老天很不配合，第一次率大軍遠征的朱棣，不巧趕上了大雪盈野的壞天氣。

對於習慣關內氣候的明朝軍隊，頂著風雪長途行軍簡直苦不堪言。此時，有將領提議：「天氣實在太糟糕，我們別走了，先就地駐紮，等放晴了再說吧。」

這個建議合情合理，將士疲憊困頓，執意行軍極有可能還未開戰就損失不少戰鬥力，將士怨聲載道，還會導致凝聚力和忠誠度驟降。情況太糟了，朱棣可不想指揮一盤散沙和元軍作戰。

難道就這樣屈服於惡劣的天氣？

朱棣不甘心，他知道，大雪的確是元軍最佳的屏障，敵人看到漫天雨雪時，或許正高興得手舞足蹈。惡劣的天氣，往往意味著安全。漠北的氣候，蒙古人早已習慣，他們料定明朝軍隊必然吃盡苦頭，等大雪停了，自己早就拍屁股走人，留給他們一片廢墟。

朱棣知道此刻乃爾不花在想什麼，敵人不會傻乎乎留在原地等明朝大軍來打，等風雪停了，想在茫茫大漠找到這些王八蛋的蹤跡，談何容易！一時的優柔寡斷，換來的可能是滿盤皆輸。

絕對不能讓敵人如願！朱棣召集所有的部將，向他們解釋自己的想法：「天雨雪，彼不虞我至，宜乘雪速進。」

意思是說，傻瓜也知道天氣很不好，所以敵人根本不會想到我們會在大雪中行軍，也就不會有所提防，這正是我們前去攻擊的最好時機。大家不要猶豫，不要畏懼，大軍全速前進，跟我去殺蒙古韃子，成敗在此一舉。

朱棣的理由很有說服力，沒有人再提出異議，大家都知道這個決定是對的。

朱棣果斷督促軍隊前進，暴風雪中，明軍逼近了乃爾不花的營地。果然，營地沒有嚴密守衛，乃爾不花壓根沒想到明軍會在如此糟糕的天氣下頑強地前進。

誰知，所有人都認爲應該趁著這天賜良機發動襲擊，一舉將乃爾不花的軍隊剿滅時，朱棣又做了一個令他們不解的決定。

全軍原地駐紮，不得擅自行動！

歷經千辛萬苦，頂風冒雪趕來了，卻又不開打，幾乎所有人都不能理解。朱棣也不向他們解釋，隨即派了一個叫觀童的指揮前去乃爾不花的軍帳。朱棣要的不僅僅是把敵人打跑，而是大獲全勝，將敵人全數俘獲。

史書記載，觀童和乃爾不花是舊交，朱棣派一個敵人的老朋友前去敵營，擺明了是做勸降工作。

當觀童走進北元大帳，乃爾不花簡直不敢相信自己的眼睛，大雪紛飛，老觀究竟是從哪兒冒出來的？

觀童見到乃爾不花後，兩個人抱頭痛哭。

明軍不適應大漠惡劣的天氣，並不代表元軍就很享受天寒地凍。大雪冰封，又沒有什麼軍需儲備，乃爾不花也被困得很憋屈、很難受，見到老朋友，管他來幹什麼的，先哭再說。

哭完了，觀童緩緩開口說：「燕王來了，大軍已經將你們團團包圍。」

聽到這話，乃爾不花差點崩潰。媽的！明朝大軍來到眼皮子底下，哨兵居然沒發現，乃爾不花恨不得把哨兵抓起來全砍了。

大軍壓境，乃爾不花和部下驚慌失措，當下的反應就是快快上馬逃跑。

觀童趕緊一把拉住乃爾不花，對他說：「不用怕，是燕王讓我來的，他知道你不想打仗，所以派我來帶你去見他。」

出於對老朋友的信任，再加上局勢對自己沒有一點好處，乃爾不花決定投降，於是跟隨觀童來到明軍的營地拜見朱棣。

乃爾不花做好了最壞的打算，大雪天讓人家跑了這麼遠，不被暴打一頓就不錯了，別妄想能講什麼條件。

讓乃爾不花吃驚的是，朱棣不但沒有爲難他，反而很熱情、很客氣地設宴款待，讓他山吃海喝一頓。

史書記載：「燕王降辭色待之，賜之酒，慰諭遣還。」

朱棣沒有痛聲斥罵，反而好酒好菜地招待，還和顏悅色地慰問他。乃爾不花很高興，覺得投降很明智，馬上返回營地，帶領所有將士投降朱棣。投降好啊，有飯吃、有酒喝，不投降是傻瓜。

就這樣，朱棣不費一兵一卒，收服了乃爾不花，連他所有部眾、糧草、牛羊一併接收。這一仗，朱棣完勝。

聽到這個出乎預料的好消息，遠在南京城的朱元璋很高興，興奮得嗷嗷大叫：「肅清沙漠者，燕王也，朕從此再無北顧之憂！」

這次考試，朱棣表現十分優秀。

相較於晉王朱棡帶著大隊人馬在荒原上瞎轉，最後無功而返，朱棣確實讓朱元璋刮目相看。

根據歷史學家的說法，朱元璋原本較爲偏愛晉王朱棡，但在這場競賽中，朱棣硬生生把朱棡比了下去。

兵不血刃大獲全勝，是戰爭的最高層次。年輕的朱棣第一次上戰場就技驚四座，實在讓人驚歎。但最讓人佩服，同時也最讓人感到畏懼的，是朱棣在這次出征中表現出對局勢的掌握和強大的克制力。

如果說雪天行軍是兵貴神速的話，那麼看到敵人卻又一槍不發則是超乎常人的意志力。幾乎所有將士看到北元軍隊時，都想衝上去狠狠地暴打一頓，要不是這些殺千刀的瞎折騰，自己犯得著冒著大雪，千里迢迢趕來嗎？

但這樣可怕的殺戮慾望，被更可怕的朱棣硬生生壓制下來。

朱棣何嘗不想殺幾個敵人洩憤，乃爾不花這廝害得他和將士們差點凍成雪人。可是他心裡很明白，這是一場考試，他要展現的，不僅是對軍隊的運用，還有身爲主帥的品質。

要剿滅一支軍隊很容易，要收服一支軍隊則相對困難。朱棣要讓朱元璋看到，他能殺人，也能收服人。在戰爭中，他擁有絕對的選擇權。

有絕對選擇權的人，都是強大的人，都是可怕的人。

第5章

帝國接班人

當時的情況對朱棣相當有利，朱元璋也確實考慮過由他繼任帝國接班人。朱棣很開心，但現實卻很殘酷，劉三吾三兩句話就把朱棣的好事攪黃了。

凱旋而歸的朱棣受到各方讚揚，朱元璋很欣慰，自己為江山找到了一個可靠的守護者。朱棣也很欣慰，總算向老爹證明自己是可以擔當大任的藩王。

從此，朱棣取代了原先的邊防功臣，肩負起守疆衛土及追擊北元殘部的重責大任，成為大明朝北方的屏障。

對此，在競賽中顏面無光的晉王朱棡十分吃味，把朱棣視為自己的對手，除了言詞譏諷，還派人偵察朱棣的一舉一動，想揪出他是否暗藏不軌情事。只不過，朱棣城府深沉，言行極為謹慎，朱棡查來查去徒勞無功，只能不了了之。

洪武二十四年，西元一三九一年，朱元璋把窩在西安的秦王朱樉召回京師，狠狠訓誡一頓，原因是朱樉在封地胡作非為，而且圖謀奪嫡。

隨後，朱元璋派太子朱標前去關中巡視。

不久，又有人告發晉王朱棡「心懷異謀」，試圖奪嫡爭權。朱元璋氣炸了，又把朱棡召到京城嚴詞教訓。

種種跡象顯示，儘管朱元璋早早就確立太子朱標的接班地位，但覬覦皇位的藩王並不在少數，差別只在於言行是否被朱元璋察知。

相較於朱棟等人的張揚，朱棣倒是不曾顯露奪權的野心，至少在朱元璋在位之時，不管正史或野史，都沒有這方面的記述。

但是，無論朱棣如何隱藏，還是有人察覺他並不甘於雌伏。

洪武二十四年六月，朝鮮國使臣趙浚奉命前往南京為朱元璋祝壽，途經北平時，順道前去燕王府拜見朱棣。

朱棣得知趙浚專程前去祝壽，不敢稍有怠慢，十分熱情地接待。史書說，趙浚一見到朱棣，便感覺他與眾不同，龍非池中物啊，從王府出來後對隨從說：「王有大志，其殆不在外藩乎！」

意思是說，燕王朱棣不是泛泛之輩啊，這個人有遠大志向，絕不會甘心當一輩子藩王。

大明帝國的接班布局，原本全按照朱元璋的意志進行，一切都在他掌控中，誰知就在這一年，出現了預料不到的重大變化。

太子朱標巡視關中回到南京不久，居然病倒了，而且診治無效，病情持續惡化。到了洪武二十五年（一三九二年）四月，終於撒手人寰。

太子朱標因病去世，一時之間舉國震驚。

朱標的死對朱元璋來說，是徹骨的疼痛，心愛的長子、未來的儲君，竟然說死就死了。此時，朱元璋已經六十五歲，不再意氣風發，他老了，整天琢磨著殺人讓他的腦細胞大量死亡，國家重擔和後宮佳麗更將他的精力壓榨得所剩無幾。他很苦惱，自己百年之後，究竟誰來掌管這片江山？要立誰當皇儲呢？

朱元璋的心情很沉痛，但是對各路藩王來說，這卻是個千載難逢的良機。太子去世，那皇位繼承人就必須重新篩選，也就是說，這一次所有的藩王都有了競爭的機會。雖然死去的這個人是他們的大哥，但一想到無上的權力，他們恨不得按一萬個讚：大哥，你死得太好了！

朱標病逝，打破了各路藩王表面上的和諧，也在朱棣心中激起陣陣漣漪。

太子朱標在世時，朱棣不敢流露任何非分之想，只能力求表現。現在局勢不同了，太子一死，自己就有了競爭皇位的資格，而且遍觀所有藩王，只有自己戰功赫赫，深得老爹的賞識。再加上自己一直以來都表現得非常出色，看來，這個皇位繼承人，最合適的人選就是他了。

當時的情況確實對朱棣相當有利，朱元璋也確實考慮過由他繼任帝國接班人。

朱棣很開心，但現實卻很殘酷。

正當所有的藩王還在打算怎麼好好表現，取得皇帝老爹的青睞時，朱元璋又發神經了，再次令所有人領教到什麼叫天威難測。不能從喪子之痛之走出來的老朱，竟把所有對亡子的感情，全部轉移到朱標的兒子朱允炆身上，決定由朱允炆當大明王朝的下一任接班人。

把朱允炆推上繼承人位置的關鍵人物，是翰林學士劉三吾。

根據史書記載，朱標死後，悲痛欲絕的朱元璋只能把一切歸結爲天意，開始考慮皇位繼承人的問題。就在朱標去世的第三天，朱元璋在皇宮的東角門召集朝中重臣，討論由誰來當帝國接班人。

朱元璋問衆人：「古云：國有長君，社稷之福。燕王賢明仁厚，英武似朕，立之何如？」言下之意，是想立燕王朱棣當太子。

這時，秦王、晉王、燕王都不在京城，但對太子之位都虎視眈眈，大臣們不想蹚渾水，都默不作聲。

朱元璋見群臣不說話，竟然哭了起來。這時，翰林學士劉三吾站了出來說：「陛下言是，但置秦晉二王於何地也？」

劉三吾三兩句話就把朱棣的好事攪黃了。接著，他又進言說：「皇孫世適，富於春秋，正位儲極，四海繫心，皇上無過憂。」

意思是：雖然太子去世了，長房還有皇孫健在，皇上不必太過憂慮。

這番話打動了朱元璋，也改變了他的思維。

洪武二十五年九月，大明王朝正式宣布立朱允炆爲皇太孫，消息傳出，全世界都被雷倒。朱元璋不按常理出牌的習性大家都瞭解，可是皇位接班人關係到國本，怎麼可以如此輕率？有這樣胡搞瞎搞的嗎？把大明江山交到一個十六歲少年手裡，可以放心嗎？

事實上，在確立帝國接班人這件事上，朱元璋頗費思量，一直舉棋不定。因爲選擇皇儲，象徵著建立帝位傳承制度，稍有不慎便會釀成禍亂。

表面上，朱元璋是在選擇朱棣和朱允炆，實際上卻是選擇兩個不同繼承制度。朱棣很優秀，但由他繼位便是「兄終弟及」，未來的帝位傳承勢必陷入混亂的循環，更何況，按照排序，朱棣前面還有兩個哥哥。但要推行「父死子繼」制，而且是隔代接班，朱允炆又太過仁弱，能否鎮得住那些藩王，保住自己的皇權？

朱元璋難以抉擇，才會拖延了四個多月才公布由朱允炆繼任。

朱允炆出線，意味著朱元璋最終還是選擇「父死子繼」的繼承制度。

當然，把國家交給孫子朱允炆，朱元璋並非完全沒有考慮過可能的後果。他也明白，現在國家看似安定，但外患仍在，不可掉以輕心。但他自認爲已經爲這個孩子安排好了一切，他的幾個兒子正認真負責地守衛國土，朱允炆只要安心地坐擁天下，好好治理臣民就行了。

朱元璋千算萬算就是沒算到，正是這些叔叔們成了朱允炆最大的噩夢。

雖然朱標是衆望所歸的太子，但朱允炆何德何能，只不過因爲爺爺的寵愛，就輕易接掌國家，這太不能服人了，非但各個藩王暗暗不服，估計連朱允炆自己都覺得心虛。況且，那些叔叔們個個手握重兵，他們的軍事力量可以力保江山，但要反叛推翻自己，也不是不可能。

這些人當中，最危險的，就是燕王朱棣。

朱元璋正式宣告立朱允炆爲皇太孫後，曾對他談起自己用兒子取代功臣的得意之作。朱元璋說：「我以御虜防患之事付之諸王，給你一個太平皇帝做。」

可是，朱允炆不免有些憂慮，問朱元璋：「虜不靖，諸王御之，諸王若不靖，誰御之呢？」

這確實是個大問題，那些藩王如果心懷不軌不效忠朝廷，該怎麼辦呢？

事實上，這個隱憂一直存在，只是朱元璋在位時能夠威壓一切，諸位藩王不敢蠢動，一旦朱元璋去世，情況就沒那麼篤定了。

朱元璋反問：「那你說說該怎麼辦？」

朱允炆答道：「以德懷之，以禮制之。」

這兩句基本上是廢話，要是懷之以德、待之以禮就能解決問題，歷史上就不會有那麼多造反、奪權事件。於是，朱允炆又說：「不可，則削其封地，再不可則廢置其人，還不可，就要舉兵討伐。」

意思是：要是文明的方法行不通，那就只能削地、奪藩、出兵鎮壓了。朱元璋聽了，也想不出更好的主意，無奈地說：「是啊，再也沒有更合適的辦法了。」

這番對談，預告了朱元璋去世後，朱允炆的統治權即將受到嚴峻的考驗。

第6章

古怪的遺詔

這項遺命頗為古怪，朱元璋死了，不許兒子奔喪，朝廷還迫不及待收回藩王們軍隊和文武官員，未免太不符合常理，頓時流言四起。

朱允炆當上皇太孫不久，某天在皇宮東角門遇到翰林學士黃子澄。黃子澄見朱允炆憂心忡忡，問道：「殿下遇上什麼煩憂的事情？」

朱允炆嘆口氣，說出自己的憂慮：「諸位藩王都是我的叔輩，各擁重兵，所作所為又多不法，儘管現在沒鬧出禍事，但終究是隱憂，等皇祖父百年之後，我該怎麼辦呢？」

黃子澄一副胸有成竹的模樣，回答說：「這事不難處理，諸王的護衛軍隊沒多少人，僅夠自衛，而朝廷的軍隊犬牙交錯，諸王若有異心，只須派大軍征討，料他們也難以抵擋。比如漢初的七國之亂，最終不是被朝廷平滅了嗎？這是以大制小、以強制弱的道理。」

朱允炆聽了稍稍安心，答謝道：「到時候就全靠先生您了。」

事實證明，黃子澄只會紙上談兵，一點也靠不住。

朱元璋分封藩王取代開國功臣，到了洪武末期，除去北方三藩秦、晉、燕，參與軍事活動的還有齊王、代王、肅王、遼王、谷王、慶王、寧王、岷王……等人。這些藩王大都性情兇暴，行事囂張跋扈，又慣於征戰，一旦彼此勾搭作亂，將會是遍地烽煙的局面。

朱允炆當上皇太孫的第二年，洪武二十六年，大明帝國又發生了一件大事，功臣藍玉遭到誅殺，史稱「藍玉案」。

很顯然，朱元璋加快了翦除權臣的行動，想在有生之年爲朱允炆清掃可能的隱患。「藍玉案」牽連了十三個侯爵、兩個伯爵，總共一萬五千多人被殺。

至此，明朝開國以來，既有謀略又勇猛善戰的武將幾乎被誅殺殆盡。朱元璋終於放心了，自認可以安心將皇位交給朱允炆，殊不知，這場政治大屠殺，無形中也爲朱棣日後的奪權行動掃除不少對手。

洪武二十八年，一九三五年，朱棣正領軍征戰北方，突然獲知秦王朱樉病亡的訊息。到了洪武三十一年三月，晉王朱棡也突然病亡。

秦王、晉王相繼去世，徹底打亂了朱元璋的如意算盤。原先北方三藩相輔相成又相互牽制的局面被打破，秦王、晉王的接班人難以和朱棣抗衡，形成燕王一藩獨大的走勢。

面對接踵而來的惡耗，朱元璋隱隱感到不安，但此時他已日薄西山，心有餘而力不足，只能派劉璟前去視察各個王府，以防藩王們心懷不軌，趁機滋事。

劉璟是開國元勳劉伯溫的二兒子，也是朱棣小時候的玩伴。

劉璟來到燕王府視察完畢，和朱棣坐下來下棋。朱棣連輸了幾局，覺得很沒面子，便對劉璟說：「卿不可少讓些嗎？」意思是，你雖然是朝廷欽差大臣，但我好歹也是一藩之主，你就不能讓一讓？

劉璟的回答頗耐人尋味：「可讓處則讓，不可讓處不敢讓。」

這番話意味深遠，某種程度宣示了朝廷的態度，暗示朱棣好自爲之，不要輕舉妄動。

晉王朱棡死後不久，朱元璋也病倒了。三個月後，洪武三十一年閏五月十七日，朱元璋病逝於南京皇宮，享年七十一歲。

根據野史的說法，去世之前，朱元璋意識到燕王朱棣即將對朱允炆構成重大威脅，秘密召見駙馬都尉梅殷到宮中，囑咐他竭力扶助朱允炆，並說：「燕王不可不慮。」要他多提防朱棣。

朱元璋晚年對於諸王勢力膨脹，可能威脅皇權，自然有所察覺，也感到憂心，但究竟有沒有交代梅殷提防朱棣這回事，誰也說不清。不過，朱允炆拿出的朱元璋遺詔，卻充滿防備意味。

遺詔中，朱元璋褒獎自己受命於天、勤政治國，還誇獎皇太孫朱允炆性情寬厚、處世聰敏、講究孝道，呼籲群臣服膺朱允炆領導。此外，他還做了一項匪夷所思的安排：「諸王臨國中，無得至京。王國所在，文武吏士，聽朝廷節制，惟護衛官聽王。諸王不在令中者，推此令從事。」

這項遺命頗爲古怪，大意是說，朱元璋死後，各地藩王不准到京師奔喪，必須待在自己的領地。諸王轄下的文武官員及軍隊，一律聽從朝廷指揮調度，諸王只能號令各自的護衛。

父親死了，不許兒子奔喪，朝廷還迫不及待收回藩王們軍隊和文武官員，未免太不符合常理，頓時流言四起。朝野不少人認爲這根本不是朱元璋的遺詔，而是朱允炆擔心諸王趁機造反，自行編造的。

朱棣得知老爹朱元璋病逝的消息，片刻不敢耽擱，帶著三個兒子和隨從星夜趕往南京。不料，剛抵達淮安，就遭到錦衣衛校尉潘安攔截。

潘安專程從南京前來等候朱棣，並且宣達新皇帝的諭令。朱棣一看潘安出示的遺詔，頓時傻眼了，這是怎麼回事啊？但不管遺詔是眞是假，皇帝的諭令不可違抗，無可奈何之下，他只好囑咐三個兒子前去南京奔喪——諭令並沒說孫子不能去京師，自己則忿忿不平返回北平。

朱元璋轟轟烈烈的一生就這麼結束了，六天後，朱允炆登基稱帝，史稱明惠帝或明惠宗，民間則習慣以年號稱呼他建文帝。

朱允炆爲朱元璋舉行了備極哀榮的葬禮，將他葬入位於鐘山的孝陵。隨著朱元璋時代落幕，一場慘烈的奪權戰爭也悄悄揭開序幕。

朱元璋去世後，北平燕王府裡一直瀰漫著詭譎的氣氛。

某天，朱棣正坐在書房中沉思，手下來報，道衍和尙來了。朱棣無奈地苦笑，吩咐讓他進來。不一會兒，一個和尙推門而入，正是法號道衍的姚廣孝。行禮後，姚廣孝開門見山地直陳來意，問朱棣何時動手。

朱棣沉吟不語，只是揮揮手，讓姚廣孝先回去。姚廣孝微微一笑，退了出去。沒關係，他有的是時間，可以慢慢勸說這個舉棋不定的王爺。

六年前，朱允炆成爲皇太孫的消息傳來，著實讓朱棣感覺自己挨了一記大悶棍，然後就是無邊的氣憤。

雖然朱棣很生氣、很鬱悶，但僅是處於心理不平衡、發發牢騷的階段，當不上皇上，好歹還是個王爺，而且是個位高權重的王爺。自己威鎮一方，擁有軍隊、官屬，朱允炆想要坐穩江山，還要倚仗自己。朱棣心裡儘管一萬個不服，但形勢比人強，只能無奈地接受。

朱棣心中的這股惡氣憋了六年，如今老爹朱元璋病逝，自己非但不能奔喪，朱允炆這廝還迫不及待收回軍權和文武官員任免權！是可忍，孰不可忍！

姚廣孝終於等到了這個機會。

不平的種子已經在朱棣心裡冒芽，就等著有心人澆灌，有朝一日它必定破土而出。姚廣孝是個勤勞的園丁，當然不會放過這個機會，三天兩頭就向朱棣灌輸他的造反理論。

對於道衍和尚的建言，朱棣一直猶豫未決。

造反多危險啊！這是一件成功率極低且代價極大的事情，風險太高太高了。姑且不論要蓄積多麼強大的能量，要動員多少人力物力戰力來支援，就算僥倖獲勝，也會頂著弒君篡位的千古罵名。萬一失敗，下場就是身敗名裂，名利富貴、權勢地位，全都不復存在。

姚廣孝當然無所謂，他只是個唯恐天下不亂的和尚，而自己呢，一旦決定起兵造反，就意味著走上不歸路，幹嘛好好的日子不過，硬要和自己過不去呢？

朱棣錯了，好好的日子，有人根本不想讓他過，朱允炆硬是要和他過不去。

第7章

兵工廠與養鴨場

姚廣孝把練兵的地點安排在後苑，為了鑄造兵器，他又派人挖了一個很大的地下室，在地下室的地面養了很多鵝和鴨。

朱允炆不讓諸王前往南京奔喪，又剝奪軍權、人事權，引發朱棣和其他藩王強烈不滿，彼此間的矛盾和猜忌逐漸浮上檯面。不過，朱允炆畢竟是朱元璋欽定的接班人，當今的皇上，朱棣等人就算有再多不滿，也不便立即翻臉，只能把帳算到朱允炆重用的大臣身上。

朝廷中最受朱允炆信賴且重用的，有兩個人，一個是新任兵部尚書齊泰，另一個是太常卿兼翰林學士黃子澄。朱棣認爲，鐵定是這兩個王八蛋教唆朱允炆，讓他阻擋諸王奔喪，還對諸王步步進逼。

朱棣倒沒冤枉這兩人，實際的情況正是如此。所謂一朝天子一朝臣，朱允炆坐上皇位後，大幅擢用東宮官員，朱元璋時代的舊臣紛紛遭到替換，齊泰和黃子澄成爲最受倚重的左右手，積極爲朱允炆出謀劃策。

朱允炆登基之後，就迫不及待想要展開削藩行動，恰巧這時戶部侍郎卓敬呈上密奏，建議裁抑宗藩。朱允炆特地召見黃子澄，問道：「先生還記得當初我們在東角門所說的那些話嗎？」

黃子澄當然記得他吹過的牛皮，回答：「臣不敢忘。」

皇帝發話了，黃子澄立即去找齊泰商議怎麼推動削藩計劃。

齊泰主張「擒賊先擒王」，直接向勢力最強大的燕王朱棣下手，只要搞定了燕王，其餘藩王便成不了氣候。

策略很正確，不過，黃子澄反對。黃子澄認爲，燕王固然勢力強大，最具威脅，但盱衡情勢，他戍衛北方有功，平日又沒犯下過錯，在民間有一定聲望，若是率先向他下手，名不正言不順，恐怕會招來朝野非議。

那該拿誰開刀呢？黃子澄說：「周、齊、湘、代、岷諸王，於先帝在位就多有不法之事，削之有名。如今要問罪，應當從周王下手。」

爲什麼要從周王下手？

因爲周王朱橚是燕王朱棣的同母兄弟，削奪他的藩位就等同翦除朱棣的手足。黃子澄這番話說服了齊泰，於是周王朱橚成了第一個挨刀的倒楣鬼。

周王朱橚的封地在河南開封，爲了避免打草驚蛇，朱允炆密令曹國公李景隆帶兵北上，名義上是到北方戍邊。朱橚壓根沒把朱允炆放在眼裡，對於朝廷軍隊調動也不以爲意，萬萬沒料到李景隆的軍隊開到開封後，竟直接包圍周王府，將他逮捕到京師。

拿周王開刀，說他圖謀不軌，擺明了衝著朱棣而來，很難讓人信服。因爲周王朱橚並非罪大惡極之輩，相反的，多才好學，未曾引起民怨，只不過生性高傲，不把朱允炆和朝廷官員當回事。

對於朝廷的意圖，朱棣心知肚明，當即給朱允炆寫了一封奏書：「若周王所爲，形跡曖昧，幸念至親，曲垂寬貸，以全骨肉之恩……如其跡顯著，祖訓且在，臣何敢他議？」

意思是，關於周王圖謀不軌之事，如果查無實證，不妨念在親情，放他一馬；如果罪證確鑿，那你就看著辦，我無話可說。

朱允炆性格柔弱，一看奏書，不禁有點心虛，尤其朱棣提及親情，更讓他不知如何是好。見朱允炆猶豫不決，齊泰和黃子澄著急了，連忙曉以利害，積極陳述削藩勢在必行。朱允炆一聽，態度又堅定了，決定把這些叔叔都「大義滅親」。

隨即，朱允炆下令將周王朱橚貶爲庶人，流放雲南。而後又雷厲風行地削去了代王朱桂、湘王朱柏、齊王朱榑以及岷王朱楩的爵位，將這些叔叔統統廢爲庶人，看你們這些一窮二白的二百五拿什麼跟我鬥！

這波削藩行動中，最受爭議的是逼死湘王朱柏。朱柏是個文雅儒士，向來不沾惹是非，也沒有政治野心，被廢爲庶人後，受不了羞辱，關閉家門自焚而死。

由此可見，朱允炆的削藩行動毫無章法，不分青紅皀白，不管藩王素行好壞，無論是否對皇權構成威脅，全部削裁！

事情發展到這一步，傻子都能看出來皇帝的最終目的。朱棣不是傻子，自然知道，平平靜靜地過好日子，沒事上戰場打打仗過過癮，只是一廂情願的想法，他的侄子皇帝不允許他在燕王這個位置上再窩下去。

這個時候，道衍和尚姚廣孝又來指點迷津了。但凡智商超過二十的人都知道，燕王再不動手，下一個倒楣的人就是他了。於是，姚廣孝又搬出那套造反有理的說詞，勸說朱棣起兵。

朱棣很猶豫地問：「民心向彼，奈何？」

姚廣孝笑了笑，說道：「臣知天道，何論民心？」言下之意就是說，王爺您不用擔心民心向背的問題，我老姚是什麼人？連天道我都清楚了，更何況民心？你起兵造反絕對符合天意，不用擔心民心向背的問題。

這個時候，道衍這類奇人異士的重要性就顯現出來了。古人往往將命運歸結爲天意，做什麼事之前都要先問問老天的意思，而且相信星象就是老天的語言。所以，像姚廣孝這樣能從浩瀚星河中看懂天體運行規律，還能扯出一大套道理，往往深具影響力。

據說到了舊曆十月，某天朱棣正在府中思索如何應對朝廷的削藩行動，道衍和尚姚廣孝又來了。朱棣自然明白姚廣孝的目的，就和他打起啞謎，說道：「不如我出個上聯，大師對對下聯吧。」

朱棣的上聯是：天寒地凍，水無一點不成冰。

姚廣孝微微一笑，說出下聯：世亂民貧，王不出頭誰做主？

接著，朱棣讓姚廣孝占卜，姚廣孝答道：「大王是想占卜能否得皇位？」

朱棣心中一驚，示意他不要亂說話。姚廣孝卻不管不顧，分析說：「如今皇帝猜忌宗室，已經有五個藩王被削廢。大王您是朝廷最疑懼的對象，能夠倖免嗎？大王所處的燕地，地理位置險要，百姓多半善長騎射，只要加以動員，便可征得三十萬兵馬，存糧亦可以支撐十年。如果大王率領大軍南下，平山東，入淮南，誰能抗拒？要是大王遲疑，坐失良機，讓朝廷先發制人，您還能高枕無憂嗎？」

情勢確實如姚廣孝所說的那樣嚴峻，朱棣心裡明白，朝廷步步進逼，自己再不有所行動，恐怕眞的要失去一切，淪爲平民百姓任人宰割，功業、權位、富貴轉眼化成夢幻泡影。

這是朱棣無法接受的，那就造反吧。

打定主意後，朱棣並沒有盲目行動。他很清楚，和朝廷比起來，自己沒有絲毫優勢，更嚴重的是，軍權被剝奪、親信部隊被外調後，燕王府的軍事力量根本難以和朝廷抗衡。

爲了擴充軍隊，提高武裝實力，姚廣孝給朱棣出了不少主意。首先，積極招兵買馬。甭管什麼流民逃犯、散兵游勇、地痞流氓，先找過來再說。這樣一來，朱棣的軍隊人數很快就充盈起來。

光有人還不行，打仗總不能拎著木棒、揣著石頭上場，又不是農民打群架，要有殺傷力足夠的兵器。可是，上哪找這麼多兵器？

兵器是管制物品，既不能偷，又不能搶，更不可能跟朝廷要，那就只能自己開兵工廠了。但很快地，朱棣發現問題來了。

現在連市場賣菜的大媽都知道皇帝要削藩，這種敏感時刻在王府裡鍛造兵器，傻瓜才不知道你想要幹什麼，朝廷一得知消息，肯定馬上採取軍事行動。

爲了掩人耳目，贏得足夠的準備時間，鬼主意忒多的姚廣孝這個時候又發揮了絕佳的聰明才智。

《明史紀事本末》說，朱棣住的府邸是元宮舊址，內部非常深邃，姚廣孝把練兵的地點安排在後苑，離正門有一大段距離，這樣就不會讓練兵的聲音傳出去。為了鑄造兵器，他又派人挖了一個很大的地下室，「繚以厚垣，密甃瓶缶，日夜鑄軍器，畜鵝鴨亂其聲」。

地下兵工廠上面的牆垣很厚，四周還排列很多大水缸，有很好的隔音效果。不過，隔音效果再好，敲打兵器的聲音也不會完全被遮罩，於是姚廣孝又想了一個絕招。他在地下室的地面辦起了副業，養了很多鵝和鴨，這兩種家禽叫起來，對人的耳朵絕對是種折磨，任憑地下兵工廠發出的聲音再大，混在鵝鴨的叫聲中也不容易被人發現。

事情進行得很順利，沒多久，朱棣就擁有了一支足以和朝廷抗衡的軍隊，而且這支軍隊兵丁彪悍，裝備優良。

奉天靖難

朱棣的誓師大會強調兩點，一是朱允炆違背太祖朱元璋的安排，聽信奸佞，屠戮宗室；二是朱元璋說過，朝中若有奸惡，藩王就可以起兵「清君側」。

第 1 章

雙方大玩諜報戰

表面上看來，朱允炆的情報工作做得非常好，萬萬沒想到，既然他能安插釘子在朱棣身邊，朱棣同樣會把定時炸彈埋在他的左右。

朱棣看著姚廣孝一手打造出來的造反部隊，心裡五味雜陳。

平心而論，他並不是那麼想造反，雖然他滿腹怨忿，伺候一個小屁孩皇帝讓他很惱火，但非到萬不得已，他也不想走上這一步。當王爺，日子過得挺愜意的，位顯赫，坐享榮華富貴，就算不能號令天下，至少可以雄據一方。一旦國家有難，還能披甲上陣，在沙場上縱橫馳騁。

可是，就連這樣簡單的生活，朱允炆這個小屁孩也不讓他過。朱棣知道，這個孩子怕他的叔叔們有異心，怕他的江山坐不穩，怕自己會被篡位，死無葬身之地。那種「群狼環伺」的恐懼感，朱棣能理解，但這並不代表他會像那五個被廢的藩王一樣乖乖去當平民百姓。

現實就是如此殘酷，如今的局勢，不是朱棣死，就是朱允炆亡。

這是個很簡單的選擇題，朱棣一點都不想死。

不過，在起兵之前，還有很多工作要做，朱允炆也不是瞎子聾子，當然很快就會知道朱棣在做些什麼，這場叔侄之間的較量，才剛剛開始。

第一波削藩雷厲風行，朱允炆一口氣削廢了周、齊、湘、代、岷五個藩王，按理說，接下來應該把矛頭指向燕王朱棣了。要是不拿下勢力最龐大、最具威脅的朱棣，削藩行動就沒有意義。

詭異的是，面對這個棘手的藩王，朝廷卻卡關了，遲遲沒有動作。一些效忠朱允炆的地方官員著急了，紛紛上疏「告變」，指稱燕王自從周王被削廢後，就裝病窩在王府裡，實際上正密謀造反。

洪武三十一年的冬天，四川岳池教諭程濟上了一道奏疏，說他能算天命、測未來，並預言「北方兵起，期在明年」。

意思是：皇上，您千萬要小心啊，明年北方將會發生軍事政變。

朱允炆自然知道這句話暗示什麼，卻斥責程濟「無端妄言」，下令將他逮到京師處死。程濟傻眼了，大呼冤枉，「別急著殺我啊，不如先把我關押，到了明年，如果證實我說對了，就放了我；要是證明我說錯了，再殺不遲。」

「告變」的奏疏接踵而來，如何處置燕王成了當務之急，於是朱允炆召來齊泰、黃子澄共商對策。朱允炆說：「近來不斷有官員告發燕王裝病，其實是密謀造反，你們說說該怎麼辦啊？」

齊泰和黃子澄答道：「如今我們所顧慮的就只有燕王而已，陛下您定個時機，準備下手吧。」

朱允炆這時反倒猶豫不決，「我即位不久，已接連削廢五個藩王，若是再削燕王，該怎麼向天下人解釋呢？」

從這段話不難理解，比起被廢的五個藩王，朱棣不僅實力堅強，在民間也有不錯的聲望，否則朱允炆大可一視同仁，根本不用爲了如何向天下人解釋而傷腦筋。要拔掉朱棣的藩位，必須名正言順，才能杜絕悠悠之口。

黃子澄說：「燕王對外稱病，實際上日事練兵，而且有異人術士協助，如今機事已露，不可不急圖之。」

朱允炆當然知道「先發制人，後發制於人」的道理，但知道歸知道，聽了黃子澄的答話，仍舊拿不了主意，又問齊泰：「今欲圖燕，燕王足智多謀，素善用兵，北卒又勁，奈何？」

齊泰聽了，緩緩將自己的想法說了出來：「今北邊有寇警，以防邊爲名，遣將成開平，悉調燕藩護衛兵出塞，去其羽翼，乃可圖也。」意思是，如今北方不太平靜，我們可以假借防邊的名義，選派將領駐守開平，然後把燕王的護衛兵全調到塞外去，這樣一來，就能削弱他的兵力，搞定他也就不成問題了。

經過一番議論，建文帝最終採取了齊泰的建議，任命工部侍郎張昺爲北平左布政使，謝貴、張信爲北平都指揮使，讓這三個人前去北平，密切監控燕王的一舉一動。雙方暗戰，就此開始。

朱棣不是傻子，當然知道這幾個大臣是來幹什麼的。皇帝削藩之心已經昭然若揭，派人前來是明白地告訴自己別輕舉妄動，老老實實待著可能還有好下場。對於這三個堂而皇之來監視的官員，朱棣根本就沒放在眼裡，他做事一向滴水不漏，要是被他們看出蛛絲馬跡，未免太掉漆了。

先前，朝廷曾召燕王府長史葛誠進京報告例行工作，葛誠回北平之後神色有異，常和王府護衛盧振竊竊私語。朱棣察覺兩人言行鬼祟，知道他們被朝廷收買了，但仍不動聲色。

表面上看來，朱允炆的情報工作做得非常好，萬萬沒想到，既然他能安插釘子在朱棣身邊，朱棣同樣會把定時炸彈埋在他的左右。

跟深居皇宮的朱允炆相比，朱棣深諳人性，而且相當社會化，他知道大多數人都是牆頭草，誰更強，更能給自己帶來利益，就聽誰支配。朱棣戰功彪炳，名聲響叮噹，在很多人眼裡，他是一個強者。強者如果捨得砸錢、送禮，那他想知道什麼就能知道什麼。

朱棣把目光投射到皇帝身邊的人士身上。皇帝身邊，除了鶯鶯燕燕，就剩下太監，朱棣沒有特殊管道，無法從皇帝的大小老婆那裡打探到消息，於是太監就成了他鎖定的對象。皇宮裡的太監專門負責皇帝飲食起居，想瞭解皇帝的秘密，想知道皇帝都幹了什麼事，找他們最合適。朱棣卯足了勁，全面拉攏這些人。

朱元璋稱帝後，對宦官掌權極為厭惡，一再嚴禁太監干政，還特意在宮門掛上一塊鐵牌，上頭寫著：「內臣不得干預政事，犯者斬。」

到了建文帝朱允炆時代，太監的地位並沒有提升，依舊是負責灑掃、傳令的勤務人員，沒權又沒錢，日子過得苦不堪言。在皇宮裡受苦受難的公公們，受到燕王如此重視，還三天兩頭送錢送禮，簡直受寵若驚，燕王問什麼，他們就答什麼，有時還免費奉送一些八卦消息。

就這樣，在諜報工作這一塊，朱允炆和朱棣打了個平手，彼此都知道對方此刻在想什麼，只不過這層窗紙還沒人捅破。

第 2 章

大家都在幹弱智的事

朱允炆是個好孩子，但是耳根子太軟，看人眼光頗有問題，此外，還有個致命的缺點，那就是太過仁弱，做事優柔寡斷。

就在所有人都認爲朱棣應該老老實實夾著尾巴做人，別再惹事的時候，朱棣卻做出了一件讓人目瞪口呆的事。

建文元年（一三九九年）二月，按照規矩，新皇帝即位，各地藩王都要入京覲見，朱棣自然也來了。

來幹嘛？來撒野！

《明史紀事本末》記載，朱棣來到京城，行徑充滿挑釁意味，「行皇道入，登陛不拜」。他娘的，有這麼囂張的嗎？來到皇帝地盤，故意走皇帝才能走的御用道路，見到皇帝還不跪拜！

他的不敬行爲引起了大臣的不滿，監察御史曾鳳韶上書彈劾，沒想到朱允炆說了一句「至親勿問」就息事寧人了。

朱棣專程來耀武揚威，皇帝卻表現得這麼軟弱，大臣們炸鍋了。戶部侍郎卓敬立即呈上密摺，說道：「燕王智慮絕人，酷類先帝。夫北平者，強幹之地，金、元所由興也，宜徙封南昌以絕禍本。」意思是說：燕王智慮過人，是所有王爺中最像先帝的，加上北平地理位置險要，如果不趁早解決他，讓他繼續窩在北平，恐怕後患無窮，不如趁這個機會問罪，把他攆到南昌去。

不知道此時的朱允炆腦子裡都在想什麼，面對這麼正確的提議，居然說：「燕王是俺的骨肉至親，我們不必這麼搞他吧？」

這話氣得卓敬大叫：「隋文帝楊堅和楊廣難道不是父子嗎？」

楊廣爲了奪取皇位，連自己的老爹楊堅都謀害了，叔叔算什麼！再說，你把他當叔叔，他有把你當侄子嗎？

朱允炆沉默良久，還是下不了決斷，千載難逢的好機會就這樣被他白白放過。

當然，對於朱棣，朱允炆也不敢掉以輕心，調動軍隊到北方部署，北方重鎮開平、山海關、臨清、德州等地，都改由朝廷將領和軍隊駐守。同時，燕王府的重要護衛軍官也被調離，當初隨朱棣北征立下戰功的觀童甚至被調到南京。

爲了加強對燕王的監控，朱允炆又調派陳瑛擔任北平按察史。

根據《明史》記載，就在局勢緊繃之際，南京城忽然出現一個神秘的道士，遊走於大街小巷，嘴裡反覆吟唱著一首讖謠：莫逐燕，逐燕燕高飛，高飛上帝畿。

讖謠的大意是：沒事驅逐燕子幹嘛呢？你越是驅趕，燕子飛得越高，要是逼急了，恐怕牠就要飛到皇城了。

在這敏感時刻，這首讖謠自然讓人聯想到朝廷與燕王的緊張關係。很顯然，這是有人刻意散播的警訊，也是對朝廷削藩舉動的警告。別胡搞瞎搞了，大家相安無事不是很好嗎？

同樣弱智的事，朱允炆居然在幾個月後又幹了一次。

很快，到了朱元璋的忌日，按例各地藩王都必須親赴京城祭拜。不過，上次的行徑太囂張了，朱棣有點後怕，心想自己再去京城，恐怕不會像上次那麼走運。

於是，他索性找了個藉口，推說自己生病了，不能到京城去。誰知，朱棣這次也犯傻了，不去就不去，竟然派兒子代替，而且三個全派去，這不是擺明了給朝廷送人質嗎？

也許，他認爲自己不想去，總得有人代替他去祭拜老爹，聊表一下心意；也許他認爲目前還不宜和朝廷撕破臉，表面上還是得敷衍敷衍……總之，他的三個兒子被派去應天參加祭典。果然，朱棣的三個兒子朱高熾、朱高煦和朱高燧到了京城，齊泰立刻建議將這三人扣留下來當人質，以此制約燕王。

這個主意不失爲有效手段，可以讓朱棣投鼠忌器，不敢輕舉妄動，除非他完全不在乎兒子的死活。不料，黃子澄站出來幫倒忙，表示強烈反對，他的理由是：「現在燕王還沒造反，我們扣押他的兒子，恐怕會落人話柄。咱們不能讓燕王有所防備，還是讓他們回去吧。」

朱棣只是一時犯糊塗，黃子澄則是滿口大道理的書呆子。削藩已經是人盡皆知的事了，還怕燕王起疑而有所防備，難不成把他的三個兒子放回去，就能鬆懈他的防備？就能打消他奪權篡位的野心？

魏國公徐輝祖看到皇帝態度猶豫，馬上上密摺說：「三甥中，獨高煦勇悍無賴，非但不忠，且叛父，他日必爲大患。」

朱棣的三個兒子，都是徐輝祖的外甥，舅舅看外甥，自然比朝廷那些官員還要準。他非但不同意把這三個人放回去，同時還警告皇帝，這三人之中，朱高煦最慓悍、最無賴，不但不會忠於陛下，必要的時候，就連他的父親也會背叛，千萬不要縱虎歸山，以免成爲日後大患。

事實證明，徐輝祖的看法十分正確，但朱允炆卻將信將疑。朱高煦這傢伙有這麼惡劣嗎？於是，朱允炆又找來徐輝祖的弟弟徐增壽及駙馬王寧詢問。徐增壽、王寧兩人和朱棣關係很好，在這場奪位戰爭中偏向朱棣，自然竭力包庇。

最終，朱允炆又做了錯誤的決斷，讓朱棣的三個兒子返回屬地。

朱高熾三兄弟如蒙大赦，急於離開京城，要是皇帝變卦，就走不成了。朱高煦唯恐夜長夢多，立即潛入舅舅徐輝祖的馬廄，偷了幾匹好馬，兄弟三人騎上快馬揚長而去。等徐輝祖派人追趕時，三兄弟早已渡過長江了。

朱高煦正如徐輝祖所說，是個不折不扣的壞胚子，倉皇逃命時，路人多看了一眼，他便懷疑對方是朝廷的密探，二話不說抽刀把人砍死。中途在驛站歇息，覺得不滿意，就將驛丞暴打一頓。

地方官員紛紛上書舉報朱高煦的惡行惡狀，朱允炆不由得後悔不聽徐輝祖的話。

正當朱棣對自己的弱智行爲懊悔不已，三個兒子居然完好無損地回來了。他簡直不敢相信朱允炆竟然傻到這種程度，高興地仰天長歎：「他娘的，我們父子能再相聚，實在是老天爺保佑啊。」

經過這件事，朱棣徹底看清了他的對手朱允炆。沒錯，朱允炆是個好孩子，但是耳根子太軟，看人眼光頗有問題，此外，還有個致命的缺點，那就是太過仁弱，做事優柔寡斷。

第3章

史上最正常的神經病

盛夏時節，朱棣居然裹著棉被，挨著大火爐，在二人面前烤火！張昺和謝貴當下決定，不用試探了，如果這樣還不叫瘋，那世界上就沒瘋子了。

朱棣一向身強體壯，可是去京城撒潑回來後就對外宣稱自己生病了。明眼人都看得出來，他是為了不去京城參加先帝朱元璋的祭典找藉口。皇帝放過他一次，未必會放過他第二次。

哪知他一時糊塗，竟把三個兒子派到京城。

本來朱棣後悔死了，想著這三個可憐的兒子羊入虎口，再也回不來了。沒想到，皇帝又以實際行動向朱棣示範什麼叫沒腦子，居然讓三個兒子逃回來了。

太好了，繼續裝病！

或許你會納悶，既然沒有人質扣在皇帝手裡，短期內也不用再去京城，照理說朱棣的身體應該好起來啊，怎麼還裝病呢？

朱棣裝病確實是為了避免被扣留的命運，但這只是原因之一，更重要的是，他需要時間，必須裝病來爭取時間。

臨時招募來的軍隊還要多加訓練，將士們的衣食糧草也要四方籌措，包括作戰計劃、行軍路線、情報收集……等等，都需要時間。他朱棣不是神仙，不能把所有事情在短期內處理妥當，只能儘量鬆懈朝廷的戒心。

畢竟造反是一條不歸路，從下定決心踏上的那天開始，就註定不能回頭。如果不仔細謀劃，就會一步錯步步錯，朱棣絕不能允許這樣的事情發生，只能靠裝病來欺上瞞下。

但裝病還不夠，爲了進一步麻痺朝廷，朱棣索性裝瘋。很快，北平周遭的百姓都知道，堂堂大明王爺朱棣精神失常了。

這個消息可不是燕王府放出來的風聲，而是朱棣親自上街頭表演的行爲藝術。光是散播假消息，未必能瞞過所有人的耳目，這場瞞天大戲一定要朱棣親自上場才會逼眞。

朱棣很有敬業精神，一大早就披頭散髮，瘋模瘋樣在大街上鬼吼鬼叫，而且專找人多的地方鬧事，扯扯這個的衣服，拉拉那個的頭髮，一下子手舞足蹈，一下子罵罵咧咧……平民百姓一看欺負自己的是王爺，誰也不敢跟他較眞。

到了開飯時間，朱棣隨便找了民宅闖入，抓過桌上的飯菜就吃，根本不跟你客氣。被闖入的人家敢怒不敢言，這個人是王爺啊，平時想見都見不到，能到你家吃飯是看得起你，雖然這個時候王爺看起來不太正常。

吃飽喝足之後，朱棣還不消停，又特地到市集鬧事，鬧夠了，隨便找個地方一窩，一睡就是一整個下午。

朱棣的表演很到位，所有表現都和傳說中的瘋子沒什麼區別。這樣的行爲藝術表演了幾天，朱棣精神失常的新聞迅速傳開，大家都知道燕王瘋了。

朱棣瘋了的消息，很快傳到北平左布政使張昺、都指揮使謝貴的耳裡，這兩個人心裡存疑，爲了一探虛實，決定親自登門求證。就算你很會裝神經病，也瞞不過我們的火眼金睛。

一進門，眼前的一幕就讓他們驚呆了。

那時正值六月，北平的盛夏時節，待著不動都會出汗，天氣熱得讓人吃不消，朱棣居然裹著棉被，挨著大火爐，在二人面前烤火！

見到兩個大臣目瞪口呆，朱棣又加了把勁，哆哆嗦嗦地說了一句驚天地泣鬼神的雷人話語：「他媽的，冷死了！」

瘋了，絕對瘋了！這種熱死人的天氣，能不心浮氣躁地搖扇子就不錯了，他居然裹著棉被烤火，還說冷死了！張昺和謝貴當下決定，不用試探了，如果這樣還不叫瘋，那世界上就沒瘋子了。

張昺和謝貴慰問了幾句，馬上告辭離開，再不走，屋裡那個大火爐就要把他們倆烤瘋了。

回去之後，兩個人立刻上書朝廷，說明朱棣的現狀，特別強調他確實瘋了。朱允炆看了調查報告，稍微放下心來，看來這個叔叔外強中乾啊。

哪知皇帝剛放心沒幾天，朱棣的把戲就被葛誠拆穿。葛誠充當臥底之後，對皇上忠心耿耿，他告訴張昺和謝貴兩位大臣：「燕王本無恙，公等勿懈。」燕王正常得很，根本就沒瘋，你們千萬別掉以輕心啊，務必嚴密監控。

這下，朝廷又緊張了。恰巧這時燕王府派了一名軍官到京城辦事，齊泰得知後，立即將人扣押，嚴刑拷打下，終於得知燕王正緊鑼密鼓準備發動兵變。

知道這個驚人訊息，齊泰立刻做出反應。《明史紀事本末》說，他做了詳細的部署：「即發符遣使，往逮燕府官屬，密令謝貴、張昺圖燕，使約長史葛誠、指揮盧振為內應。以北平都指揮張信為燕王所信任，密敕之，使執燕王。」

這個計劃很詳密，首先，派人持逮捕令，前往燕府逮捕所有官屬。同時，命令謝貴、張昺繼續監視燕王，讓葛誠、盧振做內應，一旦展開行動，可以裡應外合。最後，把逮捕燕王的重大任務交給都指揮使張信。

計劃看起來很完美，但最後這個錯誤的決定，直接導致整個逮捕行動失敗。

爲什麼？因爲張信是朱棣的老部下，把這麼重要的任務交給一個忠誠度不靠譜的人，齊泰這步棋走得太臭了。

張信接到密命後十分爲難，畢竟他先前是燕王的部屬，追隨朱棣多年，在情感上偏向朱棣這邊。可是，一旦把事情告訴朱棣，那就意味著自己背棄朝廷，和朱棣一同走上造反的道路。

這無疑是個艱難的抉擇，張信內心天人交戰，不知該如何決斷。

好在，有一個人替他做了決定。

這個人就是張信的母親。

史書說，老太太聽說兒子要去逮捕朱棣，居然大驚失色，訓斥他說：「不可！吾故聞燕王當有天下。王者不死，非汝所能擒也。」

老太太還對張信說：「你老爹在世時常說，帝王之氣就在燕王府，你萬萬不能聽從朝廷的命令，否則會惹來滅門之禍啊。」

這個老太太的言論很值得推敲，她怎麼知道朱棣能擁有天下？

很簡單，她被朱棣洗腦了。朱棣在北平經營了二十年，頗得民心，但這還不夠，想要起兵，首先必須做好輿論工作，美化自己、神化自己。要讓百姓支持他，無論如何都要說自己身負天命，有朝一日一定會坐上皇帝寶座。古時候的老太太最信這些神神道道的傳言了，也多虧張信的母親信，救了朱棣一命。

張信很孝順、很聽話，被母親訓了一頓之後，覺得很有道理，決定倒向燕王。他馬上趕往燕王府通風報信，沒想到朱棣頗有戒心，一連三次都推說自己神經病又發作了，病得很嚴重，根本不見他。張信不得已，只得「乘婦人車，徑至門求見」，這才獲得接見。

進門後，張信跪在床前，許久都沒聽到朱棣問話，一抬頭，看他還躺在床上裝瘋。張信沒辦法，只好說：「王爺，您別裝了，我有急事要稟報。」朱棣聽了不為所動，依然堅持自己是神經病，「我沒裝，我真的瘋了。」聽到這話，張信哭笑不得，直言道：「我身上帶著逮捕您的密令，如果您真想起兵，就別再瞞著我了。」

這番話簡直是靈丹妙藥，瞬間治好朱棣的瘋病。朱棣馬上從床上一躍而起，下地跪拜說：「老張，你是我們一家的再造父母啊！」

然後，朱棣緊急叫來姚廣孝等親信，一同商量造反的相關事宜。

商議之時，突然天降暴雨，雨勢大到連房子上的瓦片都掉了下來。朱棣看了，心裡不禁有些疙瘩，沒想到姚廣孝卻開心地笑了。

朱棣罵道：「大師，你發什麼神經？這有什麼值得高興的？」

姚廣孝笑笑地說：「您沒聽說過嗎？飛龍在天，從以風雨。瓦片墜落，代表皇帝的寶座要換人坐了，這是大吉之兆啊。」

聽說個屁！這分明是你瞎扯蛋！不過……扯得眞好。朱棣聽了，病好得更徹底了，隨即生龍活虎地出現在衆人眼前。

爲了起事而裝瘋賣傻，忍人所不能忍，朱棣的忍耐功夫和表演能力，不是常人所能想像的。

本來對朱允炆有利的局勢，由於張信選擇倒向朱棣，出現了重大轉折。

第 4 章

朱棣終於造反了

朱棣的誓師大會強調兩點，一是朱允炆違背太祖朱元璋的安排，聽信奸佞，屠戮宗室；二是朱元璋說過，朝中若有奸惡，藩王就可以起兵「清君側」。

謝貴和張昺不知道張信已潛入王府洩密，調集了各地軍隊入城，準備按照計劃逮捕王府官員。哪知等了許久，遲遲沒有張信的訊息，眞是急死人了。這個老張眞不靠譜，就算不能視訊，好歹也傳個簡訊！爲了安全起見，張昺和謝貴緊急奏報朝廷，請旨動手逮人。

再次來到燕王府，張昺和謝貴的身份大大不同，帶上了皇帝朱允炆的詔書，有權率兵包圍燕王府，甚至逮捕燕王朱棣的下屬官員。

弄了這麼大的排場，可見朱允炆削藩的決心很大。只不過，他太過優柔，到了這個節骨眼還婆婆媽媽，再三告誡張昺、謝貴兩人千萬不可爲難朱棣。

想搞定能征善戰的朱棣，如果不採取雷霆手段，基本上難以成功。朱允炆當斷不斷，無論從性格，還是從行爲模式分析，都不是一個能幹大事的人。

與朱允炆迥然不同，朱棣有著殺伐果斷的領袖氣質。張信告密後，燕王府內暗潮洶湧，朱棣當機立斷，緊急調兵遣將，任命張玉和朱能爲統帥，嚴密捍護王府。

建文元年（一三九九年）七月四日，燕王府的護衛工作還沒布置妥當，張昺和謝貴就捧著聖旨、帶著軍隊，大搖大擺地來了。

王府裡暗藏的兵力太少，無法與朝廷大軍抗衡，該怎麼辦？朱棣和衆人商議後，決定先禮後兵，把這兩個二愣子騙進王府宰掉。

朱棣傳令，請張昺和謝貴進入燕王府宣旨。但誰敢進去啊？傻瓜都知道現在的燕王府比閻王府還可怕，張昺和謝貴死活都不上當，堅持要朱棣走出王府接旨。

朝廷大軍已經將燕王府團團包圍，朱棣當然不可能自投羅網，雙方僵持不下。在緊要關頭，姚廣孝又使出一計，讓人拿出一份王府官吏名冊，告訴張、謝兩人，已經逮捕妄圖造反的陰謀份子，請朝廷兩位使臣進到府內，驗明造反者的身份。

姚廣孝老奸巨猾，張昺和謝貴腦袋不夠用，一下就被誆進燕王府，其餘隨從、軍士則被阻擋在府外，理由是他們層級不夠，按規矩不能進入。

起初張昺和謝貴並不以爲意，進入王府才覺得不對勁，只能樂觀地這麼想，聖旨只說要逮捕燕王府的官員，並沒說要逮捕燕王，縱使朱棣圖謀不軌，也不至於當場發難吧？

到了大堂中央，只見朱棣手拄枴杖坐著，一副上氣不接下氣的樣子，好像瘋病還沒好。想到葛誠說朱棣根本就是裝瘋，張昺和謝貴不禁對望一眼，心撲通撲通狂跳，剛想轉身跑出去，大堂上突然冒出一群兇神惡煞的侍衛，將他倆團團圍住。

見張昺和謝貴連膽都嚇破了，朱棣有氣無力地咳了一聲，衆侍衛紛紛散開。朱棣說了幾句客套話後，便問中央對他裝瘋的看法。

張昺和謝貴被嚇傻了，說話結結巴巴，就是不敢說實話。

一會兒，王府的侍僕端來了一盤西瓜。朱棣拿起西瓜，對兩人說：「這是剛送來的西瓜，請你們嚐嚐。」

張昺和謝貴想找話題岔開關於裝瘋的痛苦談話，便伸手接瓜。突然，朱棣直挺挺地跳起來，大嚷大罵：「尋常百姓之家，兄弟宗族之間，尚且知道互愛關心，我身爲天子的親人，卻活得朝不保夕！你他娘的，老子雖然身爲皇親國戚，卻每天都爲生命擔憂，簡直生不如死！既然你們想逼死老子，老子只好和你們拼命！」

朱棣罵完，將手中的西瓜丟到地上。暗號一下，大堂上的侍衛一擁而上。接著，朱棣扔掉柺杖，說道：「我哪裡有病，只是迫於奸臣陷害，不得不如此。」

接下來，事情就簡單了，張昺和謝貴被捆綁，是生是死，全在朱棣一念之間。

按理說，張昺和謝貴帶著軍隊前來，進入王府時，好歹也該帶幾名侍衛護駕，情況不對勁時，還可以充當人肉盾牌，或是幫忙喊幾聲救命。但是，這兩個人不僅腦袋不夠用，行事還很迂腐。進門時，姚廣孝告訴他們，按照制度規定，其他將士層級不夠，不能進入王府，他們竟然傻傻地遵守規矩。

既然朝廷下了逮捕令，雙方正式撕破臉，朱棣只好提前造反。

在大堂正中央，當著燕王府衆部將的面，張昺、謝貴和葛誠、盧振等一干中央使者和內奸，統統被朱棣斬首。朱棣痛恨葛誠、盧振背叛自己，充當朝廷內應，又派兵將兩人的家眷殺光。

把朝廷的人殺了，朱棣走上了血淋淋的造反之路。

張昺和謝貴被殺害後，中央派來的軍隊頓時成了烏合之衆，投降的投降，不投降又跑不快的紛紛淪爲刀下亡魂。之後，燕王府就像火山爆發，震驚整個北平城。

到了夜晚，從燕王府衝出一支彪悍無比的軍隊，以閃電般的速度佔領了北平的八道城門，只剩西直門一時沒能攻下。西直門地形險要，守軍也精悍，強攻無法奏效。不能力敵，那就智取，朱棣心生一計，派護衛軍指揮唐雲前去心戰喊話。

唐雲在軍中德高望重，平日頗受士兵信任，接獲命令後也不穿著盔甲，單槍匹馬來到西直門，對守城的官兵喊話：「哈囉，弟兄們，你們還不知道最新消息吧？朝廷已經和燕王講和了，准許他在北平自治，以後北平全歸他管轄。你們還不趕快解散？再遲疑，恐怕燕王就要殺人了。到時候被殺，可別怪我沒告訴你們喔！」唐雲一臉正經說謊話，守城的將士很傻很天眞，認定老唐不會騙人，立馬信以爲眞。心理戰術很快奏效，守城官兵一哄而散，西直門就這樣落入朱棣掌控。

佔領九道城門，意味著取得北平城的控制權。

儘管朱允炆先前費盡心思削弱朱棣的勢力，北平最終還是落入朱棣的掌控。朱棣本身頗有才幹，除了姚廣孝等謀臣，麾下還有幾位慓悍的將領。在佔領北平城的戰鬥中，大將張玉、朱能……等人紛紛立下功勞。相較之下，朱允炆派駐北平的將領，死的死，傷的傷，逃的逃，簡直不堪一擊。

朱棣發難之時，效忠朝廷的將領宋忠正駐紮在北平郊外，還沒反應過來，朱棣就控制了北平城。叛軍就像一群發瘋的惡狼，爲了保存實力，宋忠只得退守懷來。

七月五日上午，朱棣召集所有將士，宣布起兵靖難。在誓師大會上，朱棣慷慨陳詞：「我太祖高皇帝、孝慈高皇后嫡子，國家至親，受封以來，惟知循法守分。今幼主嗣位，信任姦回，橫起大禍，舛戮我家。我父皇、母后創業惟艱，封建諸子，藩屏天下，傳續無窮。一旦殘滅，皇天后土，實所共鑒。」

俗語說：名不正，則言不順；言不順，則事不成。對朱棣而言，起兵造反當然得找一個名正言順的理由。《明史》記載，在道衍和尚幫助下，朱棣從《皇明祖訓》找到個冠冕堂皇的藉口：「朝無正臣，內有奸惡，則親王訓兵待命，天子密詔諸王統領鎮兵討平之。」

朱棣的誓師大會強調兩點，一是朱允炆年幼無知，違背太祖朱元璋的安排，聽信奸佞，屠戮宗室；二是朱元璋說過，朝中若有奸惡，藩王就可以起兵「清君側」。隨即，朱棣以朱元璋這幾句祖訓爲依據，打著「靖難」的名號，率領軍隊浩浩蕩蕩地向南方的都城進發。「靖難」的意思是平定國家的災難，後來朱棣又在前面加上「奉天」兩字，把自己的奪權行動包裝成奉了上天之命。

爲了把戲做足，朱棣還有模有樣修書一封，送去給皇帝，說他身邊都是奸讒小人，此番出兵只爲清除齊泰、黃子澄這等些小人。

燕軍控制北平後，決定先消除周邊駐防的朝廷軍隊，以免日後陷入腹背受敵的困局。七月六日，通州主動歸附；七月八日，大將朱能攻破薊州，遵化、密雲歸附；七月十一日，朱棣親自率軍攻破居庸關。

七月十六日，燕軍火速挺向宋忠駐紮的懷來，北平城南方的朝廷軍隊也紛紛湧向懷來，要與叛軍決一死戰。宋忠想彌補沒能制止朱棣佔領北平城的過失，表現得十分勇敢，很快整編了前來投奔的軍隊，並鼓勵軍士勇敢迎戰叛軍。

為了激發軍隊鬥志，宋忠還加油添醋告訴士兵，說他們在北平城裡的家屬都被朱棣殺害了。軍士們聽了個個氣憤填膺，恨不得生吃朱棣的肉，活剝朱棣的皮。

只不過，宋忠有張良計，朱棣也有過牆梯，兩軍遭遇後，情勢卻出現大逆轉。原來，朱棣的情報工作做得很到位，得知宋忠信口胡謅，特地把與官兵有親屬關係的百姓、士兵推上第一線。官兵們看到自己的親人站在陣前，知道宋忠這傢伙騙人，鬥志瞬間消退，接著逃亡的逃亡，投降的投降，倒戈的倒戈。

軍隊譁變，結果可想而知，官兵大敗，宋忠被活捉。

朱棣認為宋忠是個人才，以卑辭厚禮招降，但宋忠一口拒絕。朱棣的原則很簡單，不是朋友就是敵人，既然宋忠選擇當敵人，那就不能留下後患。

北平城被佔領，通州歸附，薊州、居庸關被攻破，懷來也失陷……朱允炆萬萬料想不到朱棣如此驍悍，速度如此之快，心裡萬分驚恐。

第 5 章

老將被打得哭爹喊娘

耿炳文帶著軍隊狼狽逃向真定城，戰場上出現荒謬的一幕，數萬名朝廷大軍哭爹喊娘地逃跑，在後頭追逐的卻只有以朱棣為首的三十幾名騎兵。

燕軍勢如破竹，連連告捷，氣勢如虹，攻下懷來之後，永平守將也獻城歸降，至此北方重鎮全落入朱棣手裡。唯一的威脅，是寧王朱權奉朝廷之命派來救援的十萬大軍，由都督劉貞、都督僉事陳亨、都指揮使卜萬等人率領，據守在松亭關觀望，動向尚不明朗。

寧王朱權是朱元璋的第十七個兒子，深受朱元璋寵愛，編配的軍隊也最爲精良，號稱「帶甲八萬，革車六千」，還有蒙古朵顏三衛騎兵。寧王或許僅是做做樣子給朝廷看，但這支軍隊猶如芒刺在背，萬一倒向朝廷，與朝廷的北伐軍南北夾擊，朱棣的靖難行動就岌岌可危。

面對這支軍隊，正面強攻很難取勝，縱使打了勝仗，也會造成燕軍巨大傷亡，朱棣決定用離間計分化這三名將領，解決後顧之憂。

三名將領中，劉貞年紀老邁，既無戰鬥意志，又缺乏計謀，不足爲慮；陳亨當過燕山衛指揮僉事，與朱棣淵源頗深，政治立場偏向燕軍。至於都指揮使卜萬則英勇善戰，且效忠朝廷，急於平叛建功。

於是，卜萬成了朱棣必除的對象。

恰巧這時燕軍捉到兩名對方的士兵，朱棣決定使用反間計除去卜萬。他故意寫了一封語氣曖昧的信給卜萬，對他大加讚賞，極力詆毀陳亨。然後，好酒好菜款待其中一名被俘士兵，讓他將信藏在衣領內，並賞賜了不少銀兩，同時又故意讓另一個士兵看到這一幕。

隨後，朱棣將兩人放回。沒得賞賜的士兵忿忿不平，回去後立即向劉貞打小報告。劉貞一查，果然找到那封信，便以「通敵」的罪名將卜萬關入獄中，並籍沒其家。倒楣的卜萬，就這樣冤死在獄中。

不久，陳亨與指揮徐理、陳文等人突然發動兵變，半夜襲擊劉貞大營，劉貞倉皇敗逃，隨後陳亨率領部眾加入朱棣的造反行列。

至此，朱棣已無後顧之憂，可以集中全力揮師南下了。

接著，朱棣發布了《告天下將吏軍民書》，這份文告可視爲朱棣的戰鬥檄文，文中公開質疑幾點：

朱元璋去世，到底是得了什麼病？朝廷爲什麼不讓我們這些兒子知道，又不讓各地藩王到京師奔喪？

朱元璋是閏五月初十亥時去世的，寅時就收殮入棺，七日後就下葬，葬禮過了一個月才讓各地藩王知道。這期間，朱允炆又拆毀宮殿，掘地五尺，變更祖宗宮殿法度。這些極不尋常的做法，你朱允炆難道不需要交代一下嗎？

接著，朱棣數落朱允炆聽信奸佞，大肆屠滅親王，危害社稷，說他「行亂無厭，淫虐無度，上天示警卻無所省畏」，因此他不得不號召天下將吏軍民同起靖難。《告天下將吏軍民書》出自郭資的手筆，句句直擊朱允炆要害，朱棣宣讀之後，令人四處張貼，廣爲宣傳。

郭資於洪武十八年考上進士，是明太祖朱元璋欽點的翰林院庶吉士，文才出衆，時任北平左布政使。郭資頗有聲譽，政治立場則傾向朱棣，朱棣起兵後，他立即倒向燕軍，還提供軍餉襄助。朱棣率軍南征時，郭資留守北平，負責募兵運糧籌餉，堪稱是燕軍的總後勤司令。而且，郭資很能幹，「百費所需，未曾有誤」。也因此，朱棣時常對人說：「資，朕之蕭何也。」

朱棣打出了「靖難」旗號，爲了強調自己的合法性，堅決不承認朱允炆的建文年號，沿用朱元璋的洪武。

洪武其實是個血腥恐怖的時代，朱元璋在位期間大開殺戒，文武官員大規模被誅殺，就連開國功勳也幾乎被殺光，只有少數幾個人活了下來，即將登場的耿炳文，就是碩果僅存的老將之一。

耿炳文是朱元璋的同鄉，追隨老朱一起打天下，可說身經百戰。朱元璋稱帝後，封他爲長興侯，對他十分禮遇。耿炳文之所以被封爲長興侯，是因爲他在此地立下汗馬功勞。當年，張士誠率領虎狼之師攻打長興城，但無論怎麼猛攻都沒能攻破。耿炳文堅守長興城長達十年之久，無異於爲朱元璋拖住張士誠十年，功勞不小。

朱元璋麾下有很多能征善戰的勇將，善於守城的卻不多，耿炳文就是其中的佼佼者。打下江山後，朱元璋需要的是守禦疆土的大將，因而老耿平平安安地度過恐怖的洪武年間。靖難之役爆發之時，耿炳文已經六十五歲。

得知北平情勢失控，燕王即將揮軍南下，朱允炆緊張了，召集群臣商討對策。首先，下詔書削廢燕王爵位，由朝中最有名氣的方孝孺撰寫征討詔令。接著，選擇由元勳宿將耿炳文擔任征虜大將軍，火速調集各路兵馬，浩浩蕩蕩開向北平亂。

朝廷給耿炳文三十萬大軍，本可一舉踏平朱棣的叛軍，但是，優柔寡斷的朱允炆卻嘮嘮叨叨，使得他縛手縛腳。

朱允炆再三提醒耿炳文千萬不能傷害朱棣，他可不想背上殺害叔叔的惡名。

人家都公開造反，打上門了，朱允炆還一味顧惜親情、名聲，這種人註定幹不成大事，也保不住皇帝寶座。

時維八月，正是收割莊稼的時節，耿炳文率領大軍來到眞定，並將大本營設在這裡。眞定是一座古城，地處滹沱河北岸，是南北要衝之地，朝廷大軍駐紮在這裡，是想掐斷燕軍南下之路。

面對英勇善戰又足智多謀的朱棣，老耿不敢掉以輕心，決定分軍三路，成品字型駐紮，互爲犄角之勢。猛將楊松爲先鋒，進駐雄縣；徐凱率領右軍，駐守河間；潘忠率領左軍，駐守莫州。

耿炳文陣勢還沒擺好，朱棣就看出他的意圖。老耿仗恃人多勢衆，打算像沙丘移動一般穩紮穩打，一小口、一小口地吞噬燕軍。

朱棣豈能讓老耿如願，選擇由驍勇善戰的張玉去對付他。

耿炳文很穩重，張玉卻很張狂，兩人在戰場遭遇，註定有一番好戲。

經過一番偵察，張玉認爲朝廷大軍人數雖多，但毫無紀律，更沒有鬥志，先鋒楊松有勇無謀，潘忠和徐凱更不足爲慮，至於耿炳文則老而無用矣。他向朱棣保證，由他出戰，絕對能擊敗朝廷軍隊，打開通往南方帝都的道路。

既然張玉發出豪言壯語，朱棣決定放手大幹一場，制定了襲取雄縣的計劃。

燕軍繼續向前推進，來到白溝河西岸的婁桑鎮，與雄縣只有一河之隔。說起來，耿炳文算是朱棣的父執輩，眼看中秋佳節就要到了，朱棣決定送老耿一份賀禮，給他一個Surprise——偷襲楊松的前鋒部隊。

到了中秋這天，燕軍在婁桑秣馬蓐食，做好襲擊前的休息。到了下午三點，朱棣率領燕軍悄悄渡過白溝河，來到雄縣城下不遠處潛伏。

朝廷前鋒部隊紀律渙散，毫無防備意識，仗著雄縣城高地險，到了夜晚一邊賞月，一邊喝得爛醉。正當朝廷軍隊興高采烈歡度佳節，燕軍在朱棣指揮下攀城而上，惡狠狠殺入大營，把朝廷軍隊砍得哭爹喊娘。

媽的，竟然還在中秋之夜偷襲，有這麼缺德的嗎？你朱棣對得起月亮嗎？楊松遭到襲殺，嚇得魂都沒了，估計酒還沒醒，一邊帶領軍隊抗擊，一邊火急火燎向潘忠求援。

楊松被殺懵了，發出求救訊號之時，並未意識到自己中了朱棣的奸計。

朱棣之所以大舉襲擊楊松大營，卻又不火速攻破，就是要誘使潘忠和徐凱引兵前來救援。朱棣派出部份將士埋伏在通往雄縣必經的月漾橋下，藉由水草掩護，準備狙擊朝廷援軍。

接到求救信號，潘忠氣炸了，火速出兵。誰知，軍隊開過月漾橋時，突然四周炮聲四起，橋邊冒出無數叛軍的腦袋。燕軍攻勢猛烈，潘忠的救援部隊全數被殲滅，潘忠本人被活捉。緊接著，前線傳來消息，朝廷先鋒部隊全軍覆沒，楊松死於亂軍之中。雙方首次交戰，朝廷就損失三萬先鋒部隊。

燕軍銳氣當頭，朝廷大軍中立即有人覺得倒向朱棣比較有利。耿炳文的部將張保認為老耿根本不是朱棣的對手，便偷偷溜去敵營告訴朱棣，朝廷大軍號稱三十萬，實際上還沒完全集結，應該趁大軍還分散時各個擊破，要是等朝廷大軍全部聚集，就不容易對付了。

聽到張保報告的軍情，大將張玉主張立即乘勝進擊，「敵軍雖眾，卻是新集，我軍以得勝之師，一鼓作氣，定能克敵制勝。」

朱棣思索一番，順勢和眾人商討作戰計劃。接著，朱棣命令張保回去當內應，並向耿炳文報告燕軍的作戰計劃，要老耿做好防禦準備。

衆人聽了這話，無不瞠目結舌，張保差點連眼珠都瞪出來了，不相信朱棣眞的會這麼腦殘，心說莫非他又神經病發作了？

其實，朱棣比誰都精明，故意這麼做，主要有兩個原因：

第一，他不太相信張保。萬一張保這傢伙是來詐降，說的是假話，燕軍貿然進攻，無異於鑽進敵人的圈套。

第二，燕軍之所以能以少勝多，關鍵在於集中優勢兵力打殲滅戰。相對的，耿炳文首戰失利，爲了確保眞定不落入燕軍手裡，把軍隊分成兩部份，駐守在滹沱河兩岸，隔河相互呼應。唯有設法讓耿炳文將軍隊集中，才能畢其功於一役。

張保奉命返回耿炳文大營後，朱棣才對部將解釋說：「張保如果眞心歸附，回去後就成爲我們的內應，如果他是詐降，回去後自然會報告我軍動向。如今耿炳文分軍駐守滹沱河兩岸，必須誘使他將軍隊合併，我們才能避免兩面作戰。」

耿炳文果然乖乖中計，將所有的軍隊集中一處，嚴陣以待。

耿炳文過往的履歷說明他是一個善於防守、不善於進攻的將領。他也擔心貿然發兵進攻，說不定會上朱棣的當。朱棣太狡詐了，他決定靜待朱棣來攻。

耿炳文有的是時間，可以慢慢耗。相對的，朱棣耗不起，他的後勤供給不如朝廷大軍充裕，多拖延一天，付出的代價就會增加一倍，唯有進攻才是出路。當然，進攻之前必須做好情蒐工作，才能擬定最有效的戰術。

朱棣派出密探四處偵查，自己也帶著三名護衛實地觀察眞定城布防狀況，最後決定從背後發動攻擊。

耿炳文好整以暇，耐心地等著，一心以爲朱棣會出現在朝廷大軍的正前方，雙方面對面交戰。偏偏朱棣根本不照他的套路走，親自率領一支幾千人的精銳隊伍，繞到西南面發動猛攻。朝廷大軍的主力都在正前方，西南方一下就被攻破。耿炳文被殺得措手不及，兩個大營被攻破，朝廷軍隊死傷無數，屍積如山。

耿炳文火速組織軍隊列出陣勢抗衡叛軍，就在這個時候，張玉、朱能等人率領的大軍大擂戰鼓，從正面發動攻擊。

儘管腹背受敵，耿炳文還是沉著應戰，頗有老將的風範。

但是，燕軍在三大將領張玉、譚淵和朱能率領下，猶如惡狼撲向羊群，朝廷大軍的正面戰場損失慘重，傷亡數字直線上升。更令耿炳文心驚的是，朱棣帶領幾千精銳部隊從後方猛烈攻擊，竟殺得朝廷大軍毫無還手之力。

燕軍前後夾攻，殺聲震天，耿炳文最後決定撤退，帶著軍隊狼狽逃向眞定城。緊接著，戰場上出現荒謬的一幕，數萬名朝廷大軍哭爹喊娘地逃跑，在後頭追逐的卻只有以朱棣爲首的三十幾名騎兵。

耿炳文見狀，本想調頭殺回去，但想了又想，還是放棄了，朱棣這孩子太狡詐了，誰知道他身後有沒有安排伏兵。

燕軍相當張狂，而且帶頭的都是不要命的瘋子。追擊耿炳文過程中，朱棣只帶著三十幾名騎兵猛追不放，追到後來，朱棣累了，放棄了，誰知後頭又冒出一個更瘋狂的傢伙。

朱棣都不追了，朱能卻不依不饒，帶著幾十名部下窮追不捨。

更令朝廷大軍窩火的是，朱能不僅窮追、猛追，速度還越來越快。追上朝廷大軍後，朱能惡狠狠砍殺，最後這幾十人竟俘回了三千多名朝廷士兵。

燕軍善於征戰，機動性極強，朝廷大軍受到重創，耿炳文更加不敢迎戰。自從狼狽逃回眞定城起，老耿就只認一條眞理：緊閉城門，死守不出。

耿炳文嚴守眞定城，堅決不和瘋子硬碰硬。眞定城固若金湯，燕軍攻了幾天，毫無進展。朱棣拿耿炳文沒辦法，原本想撤軍，攻打其他地方。就在這時，上天突然掉下一個無用將軍，又給了朱棣一次機會。

從雙方的優劣來看，耿炳文之所以堅守不出，因爲他善於守城，而朱棣善於進攻。耿炳文主動進攻，只會造成更多傷亡，相反的，據城堅守，則可以耗掉燕軍士氣，耗掉燕軍的後勤補給。

時間一久，燕軍銳氣不再，後勤供給難以支撐，攻勢自然瓦解。

可惜，朝中的高官，包括朱允炆本人，都不瞭解戰爭的奧妙。他們只知道，耿炳文這個老傢伙太沒用了，先是大敗，接著龜縮不出，有辱朝廷聲威。

原本在他們的想像中，由耿炳文這樣身經百戰的老將率領三十萬大軍北伐，必然能擊潰叛軍，直搗北平，順利將朱棣擒到朝廷問罪。不料，雙方交戰後，燕軍連戰連勝，耿炳文卻折損了數萬軍馬，朝廷決定陣前換將。

第 6 章

收編寧王的精銳部隊

朱棣決定借兵。這步棋走得很詭異，誰也不知道朱棣打什麼主意。不久前，他才用反間計整垮朱權的十萬大軍，朱權還會出借兵力？

戰報傳到朝廷，朱允炆坐立不安了。黃子澄等人安慰他：「勝敗乃兵家常事，不足為慮。」然後把責任往耿炳文身上推，說他遲緩保守，貽誤戰機。

既然老將損兵折將，那就換個青壯派去，最好名氣夠響亮，唬得住朱棣。一番思量後，朱允炆決定更換主帥，重新徵集兵馬，全力征討朱棣。為了朝廷的聲威，也為了個人利益，腦袋不靈光的黃子澄竟然保薦李景隆代替耿炳文。

李景隆是朱元璋的外甥李文忠的兒子，襲封曹國公。李文忠戰功彪炳，是大明開國元勳之一，至於李景隆，則是個高富帥，史書說他長得高大俊秀，舉止雍容大度，「讀書通典故」，頗有名將架勢。

為了要不要換李景隆上任，朝廷內部出現分歧。以黃子澄為首的一派全力支持李景隆，原因很簡單，李景隆是名將李文忠的兒子，俗話說虎父無犬子，能力應該不至於太菜，要是他能成功剿滅叛軍，黃子澄等人保薦有功，事後自然升官發財。以齊泰為首的另一派則反對陣前換將，並且認為李景隆根本是紈褲子弟，成事不足，敗事有餘。

雙方的角力很快有了結果，按照慣例，朱允炆又做了錯誤的決定，任命他的表兄弟李景隆為主帥，讓老將耿炳文回家養老。

爲了展現必勝的決心，八月三十日這天，朱允炆特地爲李景隆舉辦了盛大的出征儀式，還親自送他到長江岸邊，爲他餞行，准許他便宜行事。

朝廷將士們軍容壯盛，兵甲鮮亮，主帥李景隆更加搶鏡頭，穿著華麗軍服，手掌帥印，坐在大轎上，趾高氣揚地開赴前線。他之所以敢如此傲慢、高調，是因爲朝廷這次徵集了五十萬大軍，光聽數字就足以把叛軍嚇得屁滾尿流。

五十萬大軍確實是駭人的數字，但朱棣心理素質超強，生理機能也很健全，沒被嚇得尿褲子。

聽到李景隆即將帶領大軍前來的消息，燕軍將帥無不擔憂，只有朱棣笑得最開心，他知道，他的這個表侄子只是銀樣蠟槍頭，中看不中用。他根本沒把李景隆放在眼裡，在他認爲，就算來了五十萬個李景隆也比不上一個耿炳文，耿炳文都被自己揍成縮頭烏龜了，李景隆算哪根蔥！

軍隊作戰，講求軍隊的素質，更講求主帥的謀略。與耿炳文相比，李景隆簡直是個愣頭青，叫朱棣如何不高興！

爲鼓舞士氣，朱棣告訴衆人，儘管李景隆身後有五十萬大軍，但比不上身經百戰的開國元勳耿炳文，對付李景隆這個腦殘自然非常容易。

朱棣說，李景隆只是一個寡謀驕橫、不知用兵的「膏粱豎子」。意思是這廝沒什麼智謀，而且驕橫跋扈，沒本事還自以為是，只不過是個出身權貴之家的二百五，比紙上談兵的趙括還不如。

最後，朱棣下結論說：「如今授之五十萬衆，無異自坑。」意思說，朝廷讓李景隆這小子率領五十萬大軍，簡直是自掘墳墓。

李景隆揮師北上，不久就來到山東德州，整頓大軍之後，一改耿炳文的防守策略，擺出全面進攻的架勢，準備直搗北平。

算起來，為了清剿叛軍，朝廷前後已經派出八十萬軍隊了，再估算一下國家軍隊的總數量，朱棣知道，朝廷的兵馬就要枯竭了。如果能夠挺過五十萬大軍這一關，皇帝寶座就是他的了。

朱棣探知李景隆的布置後，笑著對部將們說：「兵法有五敗，李景隆這廝全犯了。為將政令不修，上下異心，這是第一。北平早寒，南卒皆穿布衣，不能披冒霜雪，且軍無餘糧，馬無足草，這是第二。不量險易，深入趨利，這是第三。庸碌貪婪，氣盛而剛愎，仁勇俱無，威令不行，三軍易撓，這是第四。部曲喧譁，金鼓無節，喜歡阿諛奉承之輩，專任小人，這是第五。他五敗全犯，還能戰勝嗎？」

簡單說，李景隆這廝名氣嚇死人，實力笑死人。

可是，五十萬大軍畢竟不是小數目，就算排好隊伍乖乖讓燕軍砍腦袋，也要砍上幾天幾夜，更何況他們都是活蹦亂跳的大活人，不可能伸長脖子讓人砍。再說，戰場充滿變數，萬一對戰過程中殺出某個勇謀過人的將領，說不定朱棣就悲劇了。

燕軍固然很勇猛，但是比起朝廷大軍，人數未免太少了。那該怎麼辦？

朱棣決定借兵。向誰借呢？

寧王朱權！

這步棋走得很詭異，誰也不知道朱棣打什麼主意。不久前，他才用反間計整垮朱權的十萬大軍，朱權不翻臉就已經很寬宏大度了，還會出借兵力？

朱權的封地在現今內蒙古大寧城。

大寧城是喜峰口外的重鎮，與遼寧相連。由於深得朱元璋喜愛，寧王朱權的軍隊配備是所有藩王中最多、最精良的，擁有甲兵八萬人，戰車六千輛，還有三個蒙古騎兵團——朵顏三衛。如果能借得這些精銳，朱棣在這場戰爭就更有勝算了。

前往借兵之前，朱棣先做了妥善安排，命長子朱高熾堅守北平城，由姚廣孝、郭資輔佐。朱棣再三囑咐朱高熾，北平城是他們父子的根基，無論付出多大代價，北平城都不能失陷。

言外之意是朱高熾必須與北平城共存亡，要是北平失陷，他也不用活了。下一道死守城池的命令給自己的兒子，還是身患殘疾的長子，可見朱棣豁出去了。

接著，朱棣派軍開往前線，虛張聲勢嚇唬李景隆的五十萬大軍，希望能夠拖住朝廷大軍前進的速度。朝廷大軍中沒有勇謀兼備的厲害人物掌舵，聽說兇狠狠的叛軍開來，果然退縮了，前進的速度不知不覺放慢。

一切都在掌握中，朱棣很高興，帶著侍衛隊飛快奔赴大寧城。

朝廷大規模削藩，身爲藩王之一，寧王朱權的勢力也受到打擊。但朱權沒有朱棣那樣的膽氣，不敢公然起兵反叛，選擇騎牆觀望。

燕王突然前來拜訪，究竟有什麼圖謀？寧王猜不透，只能做好兩手準備。如果朱棣是來慫恿他一同造反，他堅決不從，甚至不排除逮捕朱棣交給朝廷；如果朱棣是來求他說情，他倒是可以看在兄弟份上，向朝廷說些好話。寧王打從心裡相信，朱棣懼怕了，再不投降，朝廷的五十萬大軍鐵定會將他碾成齏粉。

朱棣一行來到城門前，通報之後，朱棣單騎進城，其他侍衛都駐紮在城外。寧王一見朱棣這麼懂規矩，防範之心稍微鬆懈，拉著他的手開始敘舊。

利用寧王輕忽的弱點，朱棣故意裝出悔恨的模樣，說他真不該一時糊塗起兵造反。朝廷的五十萬大軍將他嚇傻了，希望寧王念及兄弟之情，代他向中央求求情。

寧王聽後，心裡非常舒暢，一口應允了。

趁寧王鬆懈警備之心，朱棣又說，他的侍衛駐紮在城外實在不方便。於是，寧王很大度地命麾下最精銳的朵顏三衛前往接待。

事實上，朱棣此行最大的目的，就是收編寧王的朵顏三衛。朵顏三衛是一支特殊部隊，由蒙古騎兵組成，裝備也特殊，戰鬥力十分強悍。

當然，寧王沒有蠢到家，不允許朱棣的侍衛帶著武器進城。朱棣笑笑地表示，他們是來做客，不是來打仗，只帶來禮物，沒帶兵器。

在寧王府待了幾天，朱棣表現得中規中矩，該說的才說，該看的才看，絲毫不露王霸之氣。寧王很納悶，朱棣這樣規規矩矩的人，怎麼會造反呢？看來江湖傳言是眞的，朱棣是被朝廷官員誣陷，才不得不起兵造反。

幾天後，朱棣對朱權說他要回北平城了，不能再逗留了。分別時，朱棣低聲告訴寧王，希望他加入「靖難」的行列。

寧王一聽，瞪大眼睛盯著朱棣，義正詞嚴地拒絕。只不過，朱棣從來不允許對方有第二個選擇，眼珠一轉，立即就有侍衛上前挾持寧王。

寧王露出不屑的神情，心說你朱棣也未免太大膽了吧？竟然敢在我朱權的地盤上動手動腳！寧王大喝一聲，誰知竟沒有人回應。寧王又接著大喝一聲，還是沒有人回應，只見精銳部隊朵顏三衛直楞楞站在原地。這這這……這是怎麼回事啊？

就在空氣近乎凝凍的時候，寧王發現朱棣笑了，笑得很燦爛，很詭異。原來，朱棣帶來的不是一般禮物，而是令人心動的錢財。朱棣表面規規矩矩陪寧王吃飯、聊天、散步，他的部下卻暗中收買朵顏三衛。朵顏三衛見錢眼開，紛紛倒向朱棣。

寧王非常懊悔，惡狠狠地看著朱棣。朱棣回以一笑，笑容還是那麼燦爛，那麼詭異。寧王無可奈何，只好帶著王妃、世子等人，隨朱棣前去北平。

朱棣綁架了寧王，收編他的部隊和朵顏三衛，時間是十月。

第 7 章

李景隆的腦袋瓜不夠用

李景隆不僅無能，還很怯懦。經過燕軍一番衝殺下，他竟然嚇得宣布輕裝撤退，隨即連夜落跑。朝廷浩浩蕩蕩的北伐行動，就這樣狼狽收場。

《明史》記載，朱棣曾告訴諸將，「景隆色厲而中餒，聞我在必不敢來」。這話的意思是，李景隆這傢伙外表英武，其實十分膽小懦弱，只要聽說朱棣坐鎮北平大營，一定不敢領兵圍城。

從這個層次分析，朱棣前往拜見寧王，既是爲了收編他的部隊，也爲了引誘李景隆前來圍困北平城。

果然如朱棣所料，李景隆一聽說朱棣不在北平，便火速率軍圍城。他的布置是這樣的，五十萬大軍一齊撲向北平，並且在北平的九道城門都修築攻城的堡壘。

爲了切斷叛軍的救援，李景隆還調撥一支分隊攻取通州。

朝廷大軍有五十萬，每人撒泡尿，北平就要遭殃。因此，李景隆很悠哉，將大營設在鄭村壩，甚至設了九座大營。

李景隆的布置很華奢，充分展現紈褲子弟的特色。

一切安排妥當，該攻城了。李景隆一聲令下，頓時炮彈沖天，火箭齊發，無數利器飛向北平城。旋即，北平九道城門告急，守將紛紛向朱高熾請求增援。

五十萬大軍日夜猛攻，簡直像洪水一波又一波，北平城岌岌可危。朱棣將北平交給肥胖又有殘疾的長子，除了膽子忒大外，當然也安排了副手。

就在最薄弱的順城門即將被攻破之際，大將粱明挺身而出，厲聲高喝，不僅激勵軍士奮勇抵抗，就連城中的婦女也血脈僨張，在王妃徐氏率領下，紛紛站上前線，加入守城保衛戰。

王妃徐氏率領娘子軍登上城牆助戰，燕軍士氣霎時大振。接著，徐氏指揮婦女們們拿起磚塊和瓦片，一堆又一堆砸向朝廷大軍。在城內婦女英勇參戰下，順城門保住了。

經過一天苦戰，雙方互有死傷，相形之下，朝廷大軍的傷亡較爲嚴重。朱高熾知道，想當世子繼承他父親朱棣的地位不容易。李景隆也知道，想擺脫紈褲子弟的罵名，建功立業，繼承他父親李文忠的光輝形象，更是不容易。

北平之戰，對士兵而言，是生死之戰；對朱高熾而言，是權力之戰；對李景隆而言，則是榮譽之戰。

爲了守住北平，朱高熾充分發揮兵不厭詐的精神，半夜偷襲朝廷大軍。眼看北平城就要被攻破了，任誰都想不到，朱高熾竟敢出城偷襲。朝廷大軍防範不周，吃了一場敗仗，李景隆嚇住了，退後十里安營紮寨。

但是，都督瞿能看出其中的關竅，認爲朱高熾搞偷襲，只是虛張聲勢，叛軍鬧得動靜越大，越突顯他們實力虛弱。

爲了印證這個看法，瞿能父子率領部下幾千人猛攻彰義門。

事實證明，瞿能的判斷是對的，彰義門很快就要被攻破了。豈料，就在關鍵一刻，李景隆突然下了一道讓人傻眼的命令：停止攻城。

或許你會納悶，李景隆演的是哪齣啊？

原因很簡單，如果讓瞿能攻破城門，不就讓他奪得頭功？不就證明身爲主帥的李景隆很窩囊？

爲了擺脫窩囊的嫌疑，爲了搶下功勞，無論如何必須由李景隆自己攻破城門。殊不知，正因爲他這道停止攻城的命令，讓城內的燕軍有了喘息的機會。

瞿能的軍隊剛剛撤退，燕軍緊急修繕彰義門，修得比其他城門還要堅固。

李景隆自認爲已經咬住對方的弱點了，氣定神閒地調集大軍，準備翌日狠攻彰義門。他的想法很簡單，既然瞿能率領幾千人都差點攻破，那他率領幾十萬人自然能輕而易舉破城。

只不過，事情不像傻瓜想的那樣簡單。

次日，北平城就像變戲法一樣，突然變換了面貌，朝廷大軍頓時傻眼，只能望城興嘆。原來，朱高熾充分利用天氣優勢，命人往城牆上澆水。那時正值寒冬，北方夜晚的氣溫極低，經過一個晚上，北平儼然成了一座冰城，根本無法攀爬。

望著冷冰冰的北平城，李景隆很懊惱，悔得腸子都青了。

只不過，李景隆沒時間後悔了，燕軍又乘夜晚出城偷襲，朱棣也領著寧王的軍隊，雄赳赳、氣昂昂地向鄭村壩挺進，準備與李景隆一決死戰。

得知訊息，李景隆連忙派遣大將陳暉前去迎擊。他認爲，好不容易逮住朱棣不在北平這個大好機會，無論如何都不能讓朱棣回城。

陳暉剛出發就遇上惡劣天氣，大霧瀰漫，飛雪漫天，能見度極低。他帶著軍隊在北平郊外轉了好幾圈，好不容易才發現朱棣部隊的行軍痕跡。

陳暉很快就追上朱棣，但並未立即發動攻擊，想等燕軍逼近鄭村壩後，再與正前方的朝廷大軍進行兩面夾擊。

計劃很完美，只可惜朱棣不給他機會。

燕軍的大部隊繼續前行，陳暉一路尾隨，跟著跟著，突然前方的燕軍主力不見了。緊接著，尖銳的哨音響起，四周突然冒出大批騎兵。

負責伏擊的是寧王的精銳部隊朵顏三衛，蒙古騎兵戰馬橫衝直撞，陳暉的部隊被殺得片甲不留。幸好大霧瀰漫，老陳僥倖撿回一條小命。

事情進展得非常順利，朱棣收編的軍隊成功與北平守軍會師。合軍一處後，朱棣立刻向李景隆下戰書。

這是一場面對面的、大規模的陣地戰，勝敗的關鍵不在於人數，而在於士氣。軍號一吹響，朵顏三衛扮演燕軍衝鋒主力，在這些蒙古騎兵勇猛衝擊下，朝廷大軍簡直不堪一擊，四散潰敗。

史書說，朵顏三衛如入無人之境，像疾風一樣從敵人列陣狂掃而過，突破一座又一座營盤。朱棣更是身先士卒，衝在騎兵前列。飛箭如雨迎面而來，朱棣的戰馬中箭，差點把他掀落馬下。身旁的護衛見狀，立刻拔去戰馬上的箭簇，戰馬又帶傷向前衝。

這一戰從中午一直打到黃昏，李景隆有七座大營被攻破，死傷無數。

交戰過程中，有一個名叫馬三保的太監看出朝廷大軍的要害。他向朱棣分析，朝廷大軍之所以沒有被完全攻破，全是因爲李景隆坐鎮的中軍沒有受到重創。如果燕軍集中軍力，猛烈攻擊李景隆的中軍，朝廷大軍便會自行瓦解。

朱棣採納建議，第二天命馬三保爲前鋒，率軍攻擊李景隆的中軍。朱棣還撥出兩支軍隊，一左一右猛攻李景隆的兩翼。

在燕軍三大主力猛烈夾擊下，李景隆根本無法應變，幾十萬大軍全面潰敗。更令人傻眼的是，李景隆不僅無能，還很怯懦。經過燕軍一番衝殺下，他竟然嚇得宣布輕裝撤退，隨即連夜落跑。

主將潛逃，軍心大亂，朱棣抓住時機，一舉攻破鄭村壩大營。這一戰，朝廷軍隊折損十餘萬。

朝廷浩浩蕩蕩的北伐行動，就這樣狼狽收場。在鄭村壩戰役中，馬三保立了大功，後來朱棣論功行賞，不僅大大嘉獎，還讓他改姓鄭，賜名爲和。從此，馬三保搖身一變，成了世界級的歷史名人鄭和。

鄭和，但凡有點常識的人都知道，他就是明初著名的大航海家，後來七下西洋的三保太監。

李景隆倉皇敗逃，朝廷大軍折損十餘萬人，輕裝撤退的結果，導致供應數十萬人的輜重全部落入燕軍手裡。

此時已是隆冬季節，不利於行軍作戰，朱棣便率軍班師返回北平城，準備開春之後再揮軍南下。

戰場上的交戰暫時歇停，但政治上的口水戰、心理戰不能停。朱棣特地給朱允炆寫信，奚落李景隆的慘狀，炫耀自己的英武，並痛斥朱允炆聽信奸臣讒言，朱元璋屍骨未寒，就開始迫害各地藩王。

最後，朱棣威脅朱允炆趕快把齊泰、黃子澄等一班奸臣送到北平，由他親自審問，不然他就要提兵三十五萬，親自去京城抓人。

通往帝都之路

朱允炆萬念俱灰，放了一把火，這一把火象徵著靖難之役結束，朱允炆葬身火海，朱棣浴血奮戰三年，最後終於贏得至高無上的權力。

第1章

危急間發生靈異事件

一件無法用科學無法解釋的怪事發生了，一陣怪風竟硬生生把李景隆的帥旗吹斷了，朱棣見狀，趁機派騎兵前去縱火燒營，自己則率軍奮力反擊。

得知李景隆戰敗而逃，黃子澄臉色鐵青，腸子悔青。

李景隆是他保薦的，李景隆失敗，就代表他黃子澄失敗。爲了保住權柄，黃子澄決定鋌而走險，隱瞞李景隆戰敗的消息，向朱允炆謊稱：「交戰屢勝，因天寒，暫回德州，等來春發進。」

朱允炆很好唬弄，聽了黃子澄這番話竟然大感寬慰，加封李景隆爲太子太師。由此可見，朱棣的指責並非全然沒道理，朱允炆的視聽全被黃子澄等人遮蔽了。

蒙騙朱允炆的同時，黃子澄趕緊派人去警告李景隆放聰明點，給力一點，再不好好打仗，大家的腦袋就要搬家。李景隆敗逃又挨訓，感覺自己很憋屈，無奈形勢比人強，不敢再擺譜，只得收編殘兵敗將退守德州城，趁著冬天整頓軍隊。

五十萬朝廷大軍竟然打不過叛軍，將士們都將責任往李景隆頭上扣。一想到阻止瞿能攻破北平城，錯失大好良機，又連夜落荒而逃，大家對他的厭恨更深。在軍士心裡，李景隆不僅是紈褲子弟，還是貪生怕死的膽小鬼。

爲了證明自己不是膽小鬼，而是有勇有謀的將領，李景隆試圖「不戰而屈人之兵」，派參軍高巍前去北平勸表叔朱棣「罷戰息兵」，都是自己人，有什麼事情坐下來好好商量，何必這樣打打殺殺呢？

高巍頗有膽識，隻身前去面見朱棣。

朱棣的答覆很簡單：談個屁！先把齊泰、黃子澄這兩個大奸臣送來北平。這顯然超過李景隆的權限，朝廷也不可能交人，和談破局，雙方各自備戰。

爲提高勝算，黃子澄建議再派老將增援，由前朝老將武定侯郭英和安陸侯吳傑共同輔助李景隆，一起剿滅叛軍。讓兩位勞苦功高，而且年紀一大把的老將，聽命於黃口小兒李景隆，也只有黃子澄這種腦殘會這麼安排。

很快，春天到了，東風吹，戰鼓擂。有了兩名老將壯膽，李景隆增添了一些底氣，建文二年四月，領著軍隊離開德州，前往白溝河與郭英、吳傑兩人會師。

聽說朝廷再次調集大軍，朱棣隨口問了一句主帥是誰。知道朝廷大軍的主帥仍然是李景隆，只不過多了兩位前朝老將，朱棣不屑地笑了。

當時江湖傳言，李景隆爲了報仇雪恥，提領百萬之師，決心清剿燕軍。百萬之師當然是號稱的，朝廷軍隊實際徵調人數約六十多萬人。

既然李景隆不怕死，朱棣決定狠狠地將他打趴。

據史書描述，大戰前一夜，朱棣失眠了，感覺營帳裡的刀槍上有火花跳動，還發出錚錚聲響，架上的弓弦也發出震鳴聲。這是什麼徵兆呢？朱棣琢磨了一整晚，還是弄不明白。算了，別瞎琢磨了，準備開戰吧。

翌日清晨，燕軍浩浩蕩蕩開向白溝河，正準備與朝廷大軍會戰，突然間，迎面殺出一支軍隊，旗號上寫著「平安」。朱棣心裡卡嚓一跳，因爲過去他的麾下有個猛將叫平安，深知他的用兵之道，該不會那麼倒楣遇上這個麻煩的傢伙吧？

眞是擔心什麼就來什麼，再仔細一看，只見一名將領手提大刀一馬當先，惡狠狠地殺過來，正是平安！跟在他身後的，就是差點攻破北平城的瞿能父子。

平安的父親平定，早年追隨朱元璋起兵，隨常遇春攻打北元都城時不幸戰死。平安被朱元璋收爲義子，後來升任密雲指揮使，再晉升爲右軍都督僉事，此時奉命擔任朝廷大軍的先鋒。

兵法有云，知己知彼，百戰不殆。平安不僅勇猛異常，還曾經在朱棣的麾下待過，對朱棣的戰略、戰術瞭若指掌，叫朱棣如何不擔憂？

平安帶頭衝殺過來，隨即兩軍正面交戰，激烈廝殺。據史書記述，這是一場數十萬人馬的激戰，吶喊聲、戰鼓聲、馬蹄聲、腳步聲讓大地爲之震顫。

戰鬥中，朱棣叮囑諸將，先別管其他蝦兵蟹將，把幹掉平安列爲首要目標。於是，諸將率領士兵如潮水般攻向平安。

平安抵擋不了，轉身就逃。燕軍狠命追擊，爭先恐後想砍下平安的腦袋升官發財。突然，大地爆炸了，東爆一個洞，西爆一個洞，並且揚起大量沙土和石塊，燕軍被炸得死傷狼藉。

原來，平安知道朱棣急於斬殺他，故意在戰鬥中詐敗，引誘燕軍追趕。老將郭英則預先將新式火器埋在道路上。朱棣大軍進入埋伏區踩到火器，引發連番爆炸。郭英這個缺德鬼，埋的正是地雷。此時已是夜晚，天地黑漆漆一片，燕軍只能小心翼翼，祈求上天保佑自己不要踩到地雷。

遭遇這番伏擊，朱棣軍隊傷亡頗大。更令朱棣憋屈的是，爲了逃出布雷區，他不得不做出一些很不體面的舉動。

關於這段逃命經過，《明史》記載：「王以三騎殿，夜迷失道，下馬伏地視河流，乃辨東西，渡河去。」意思是，朱棣小心翼翼，命兵士先去探雷，自己和三名護衛殿後。但是，朱棣沒跟上前面的部隊，竟然在茫茫黑夜中迷失方向。最後，他只得趴在地下，仔細聆聽河水的聲音，才辨別出東西南北，狼狽地回到大營。

朝廷先鋒部將平安竟然讓自己遭此奇恥大辱，朱棣自然十分痛恨。

第二天清早，兩軍各懷怨忿，又展開一場轟轟烈烈的廝殺。首先，李景隆恨朱棣，因爲他的顏面全被朱棣踩在腳下；其次，朱棣恨平安，因爲平安害他趴在地下。第一個驅馬殺向燕軍的還是先鋒大將平安，緊隨在後的還是瞿能父子。

趁兩軍混戰之際，平安帶領自己的軍馬，如旋風般繞了一個大圈，迅速捲到燕軍的後面。以房寬爲首的後軍抵擋不住平安進攻，隨即崩潰。爲避免陷入前後受敵的困境，朱棣命令大將丘福死命攻擊李景隆坐鎮的中軍。但是，丘福不像平安那麼勇猛，無論如何進攻，李景隆的中軍都巋然不動。

朱棣只得親自出馬，帶領精銳力量，火速繞到李景隆的左翼。在戰鬥中，朱棣最喜歡攻擊敵人的側翼，而且經常成功。只不過，平安很清楚朱棣的作戰套路，事先提醒李景隆防範燕軍偷襲。李景隆早有提防，狠狠纏住朱棣的右翼。

燕軍的後面被勇猛過人的平安偷襲，側翼又遭到李景隆的主力打擊，死傷相當慘重。朱棣打了無數惡仗，就數這次敗得最慘，差點連老命都丟了。

朱棣被困在戰陣核心，高聲喝令將士死命穩住陣腳。但朝廷大軍如狂濤怒潮，朱棣感到勝利無望，只能拼命突圍。

殘酷的突圍戰開始了，朱棣手持利刃，認定方向全力往前砍殺。經過一番浴血鏖戰，踩著無數軍士的屍體，朱棣終於成功逃到河堤。可是，還沒等他喘過氣，平安又帶兵殺到了。緊接著，朝廷大軍洶湧撲殺而來，眼看就要將朱棣團團圍住。

朱棣命懸一線，危急中再次發揮他的表演才華。

《明史》說：「王三易馬，矢盡揮劍，劍折走登堤，佯引鞭若召後繼者。」翻成白話文，意思就是，朱棣奔逃時騎死了三匹馬，箭射光了，劍也砍斷了，幾乎沒有力氣再戰鬥了。看到翻湧而來的朝廷大軍，他只好發揮演戲才華，登上河堤高處，揚起鞭子揮舞，假裝正在調遣軍隊。

衆人都認爲朱棣這回鐵定要被活逮了，偏偏大白癡李景隆又冒出來壞事。他堅信朱棣叔叔眞的在調集軍隊，你看他的神情多麼嚴肅、多麼認眞，千萬別被他騙了。於是，荒謬的一幕又上演了，李景隆命令全軍向後撤退。

就在千鈞一髮之際，朱棣的二兒子朱高煦率兵趕來救援，及時化解了危機。

這次會戰，燕軍大敗，幾近一蹶不振。更悲催的是，朝廷大軍實在太多了。朱棣還沒緩過氣，瞿能又整編麾下軍隊向燕軍發動進攻。

此次進攻，口號是「滅燕」，可見瞿能很堅決要殲滅叛軍。

朝廷大軍吼聲震天掩殺過來，燕軍將士無不失色。朱棣果然是英雄，一不慌，二不亂，鼓起勇氣，對將士們喊話：「吾不進，敵不退，有戰耳。」

這話的意思是，我們起兵造反，已經走上不歸路，如今只有一個方向，勇往直前；只有一條路，奮死戰鬥。

雙方又進行激戰，就在燕軍即將被砍成齏粉的時候，一件無法用科學無法解釋的怪事發生了。如果不是《明史》記載，鐵定沒人相信這種靈異事件。

朱棣遭受夾攻之際，「會旋風起，折景隆旗，王趁風縱火奮擊，斬首數萬，溺死者十餘萬人」。

一陣怪風竟硬生生把李景隆的帥旗吹斷了，突如其來的變故讓朝廷將士一時愕然，攻勢減弱。朱棣見狀，趁機派騎兵前去縱火燒營，自己則率軍奮力反擊。

形勢頓時逆轉，最終在燕軍縱火奇襲、拼死斬殺下，朝廷軍隊死傷十餘萬，其餘士兵像潮水一樣潰逃。瞿能父子戰死，李景隆一馬當先向南逃竄，接著郭英也逃往南方。平安見大勢已去，自己獨木難支，只好帶領殘餘舊部且戰且走。

第 2 章

鐵鉉讓朱棣乾瞪眼

為了保全自己造反的合法性，朱棣只能對著濟南城乾瞪眼。朱棣原本認為濟南城唾手可得，誰知鐵鉉屢出奇招，耗了幾個月都沒攻陷。

白溝河一役，是場以少勝多，而且相當不可思議的戰役。朱棣只有十幾萬人，最後竟然將朝廷六十萬大軍殺得落荒而逃，不禁讓人懷疑這簡直是老天爺作弊。如果不是朱允炆事先安排一支救援軍隊斷後，可能連李景隆、郭英，甚至平安這些將領都會死在朱棣手上。

正當朱棣乘勝追擊、策馬狂驅的時候，斜刺裡突然殺出一支沒參加戰鬥的朝廷軍隊，領軍的人正是朱棣的大舅子徐輝祖。

從實際戰鬥力看，徐輝祖這支軍隊並不強大，但作用很大，成功地牽制了朱棣追擊的步伐，爲殘餘的朝廷大軍爭取了逃亡時間。

殺退了徐輝祖，稍事休息、整頓之後，朱棣又下令出兵，繼續追擊李景隆。

白溝河大敗後，李景隆一路向南逃，最後又逃回德州城。儘管李景隆很無能，根本不管將士死活，那些幸運逃脫的士兵，一聽主帥躲進德州城，紛紛前去聚合。誰知，李景隆這傢伙心理素質太差，一聽到燕軍又殺來了，立刻腳底抹油，率先奔逃出城。

德州城內軍糧極多，少說也有一百萬石。李景隆毫無抗擊的心思，拱手把這些軍糧送給燕軍，但朱棣不依不饒，鐵了心要將李景隆滅掉。

朱棣行軍有個特點，李景隆逃到那裡，他就攻打那裡，專門和這個表侄子過不去。燕軍一路南下，如入無人之境，很快就逼近濟南。

燕軍追擊到濟南城的時候，朝廷軍隊還有十幾萬人，完全可以據城抵抗，但是李景隆被朱棣打怕了，根本不想守城，也無心戀戰，再次大敗而逃。朱棣立即下令圍城，準備攻下濟南，藉此打通南下京師的道路。

李景隆一路敗逃，眼看就要將戰火引到帝都，這讓負責後勤補給的鐵鉉怒火中燒卻又無可奈何，只能盡忠職守。

鐵鉉是河南鄧州人，洪武年間擔任禮部給事中，朱允炆登基之後，把他調任山東參政。從白溝河戰役起，鐵鉉就負責朝廷大軍的糧草供應、運送。作為後勤人員，李景隆跑到哪裡，鐵鉉就得跟到哪裡。

一路上，鐵鉉不斷收編殘兵敗將，穩定軍心。

《明史紀事本末》說：「諸城堡皆望風瓦解，鉉與參軍高巍酌酒同盟，收集潰亡，守濟南，相與慷慨涕泣，以死自誓。」

與李景隆這種只管自己逃命的膏粱豎子相比，鐵鉉是一位鐵骨錚錚的漢子。在趕往濟南的途中，他遇上了後來並肩作戰的知己，出身遼州的參軍高巍。兩人談起李景隆喪師辱命，都痛心疾首，決定與濟南共存亡。

帶領著一路上收編的軍隊，鐵鉉和高巍火速趕往濟南。令他們氣憤不已的是，李景隆已早他們一步逃離濟南城。

主帥逃亡，此時據守濟南城的將領是盛庸。盛庸官拜都督，看不慣李景隆的窩囊模樣，決定堅守濟南城，以死報國。

這時的濟南城，簡直亂成了一鍋粥。首先，治安很紊亂，牛鬼蛇神紛紛出籠趁火打劫，泯滅人性的事情不斷發生。其次，百姓飽受戰亂，流離失所，生活在痛苦之中。第三，軍隊疲弱，缺乏鬥志。

更糟糕的是，朱棣率領十幾萬大軍圍城，更運來火炮，準備轟開濟南城。

濟南是山東的省會，城高池深，鐵鉉和盛庸據城頑抗，但朱棣根本沒把他們放在眼裡。一開始，他只派部分軍隊攻城，認爲很容易就能攻陷濟南，結果卻出乎他的意料。鐵鉉等人不怕死，挺立在城頭，以大無畏精神激勵兵士守城，竟硬生生守了幾個月。

既然濟南難攻，朱棣只得動歪腦筋，察看了濟南的地形後，揚言再不投降，就要截斷黃河，水淹濟南。

如果燕軍決斷河水攻城，濟南百姓必然遭殃。就在這個關鍵時刻，鐵鉉也用了一計，第二天立即派人前去叛軍大營，商量投降一事。

朱棣圍困濟南城已經幾個月了，對方願意獻城，他也樂於答應。

不過，鐵鉉提出一項條件：爲了顯示誠意，朱棣必須讓軍隊後退十里，然後隻身入城，接受獻城。

鐵鉉打算請君入甕，再來個甕中抓鱉，將朱棣誆進城裡生擒活捉。朱棣則認爲鐵鉉這些人被水淹濟南的計劃嚇怕了，未加細想便答應，下令軍隊後退十里，自己帶著數十名護衛來到濟南城下，然後隻身入城。

誰知，就在朱棣將要進入城門的關鍵一刻，城門上突然落下一大塊巨大鐵板，砸中了朱棣的坐騎頭部。

鐵板落得太早了，就差一秒鐘就將朱棣直接砸死，就差三秒鐘就將朱棣困在城門內，徹底改寫明朝的歷史。只可惜，鐵鉉的這個毒計只讓朱棣虛驚一場，只把一匹可憐的馬兒砸得腦漿四溢。

失之毫釐，差之千里，鐵板落下的時機沒拿捏好，詐降的計劃敗露了。朱棣登時明白鐵鉉想騙他入城送死，氣得暴跳如雷，逃回大營後，下令調動火炮，準備轟破濟南城。

火炮一排排地飛向濟南城，不久，城牆被轟得滿目瘡痍。照這個態勢發展下去，濟南失陷只是早晚的事，一旦朱棣進城，恐怕就要大開殺戒。眼看城內這麼多軍民就要遭殃，該怎麼辦呢？

鐵鉉眉頭一皺，又心生一計。

很快，濟南城牆上掛出一個大木牌。

朱棣看到木牌，頓時傻眼，馬上下令停火。

或許你又覺得納悶了，眼看就要破城了，朱棣爲什麼停止炮轟？

答案就在於木牌上寫的那幾個字，讓怒氣沖沖的朱棣不得不停止炮擊。那幾個字就是：大明太祖高皇帝神牌。

原來，鐵鉉急中生智，把朱元璋的神牌抬出來當擋箭牌。

朱棣喊出的口號是「靖難」，造反的理由是朱元璋曾訓示：「朝無正臣，內有奸惡，則親王訓兵待命，天子密詔諸王統領鎮兵討平之。」要是朱棣對著朱元璋的神牌狂轟猛炸，不就代表他根本沒將自己的老爹放在眼裡，那還談什麼「靖難」？

爲了保全自己造反的合法性，朱棣只能對著濟南城乾瞪眼。

史書說：「燕王憤甚，計無所出。」

朱棣氣得直跳腳，卻又無計可施，可見鐵鉉這招很管用。

朱棣原本認爲濟南城唾手可得，誰知鐵鉉屢出奇招，耗了幾個月都沒攻陷。軍師道衍和尚認爲燕軍已經疲憊了，氣勢不再，而且朝廷也調集軍隊準備攻打德州，便建議朱棣先班師回北平再做打算。

豈料，燕軍剛剛撤退，盛庸就率兵出城追殺。朝廷軍隊一路高奏凱歌，驅殺叛軍幾百里，甚至連德州都光復了。

燕軍圍攻濟南期間，朝廷方面居然沒有任何援救行動，任憑鐵鉉等人帶領濟南軍民死守。如果朝廷趁機調動軍隊攻打北平，或是從燕軍背後襲擊，朱棣能否安然回到老巢還在未定之天。難怪事後鐵鉉會感慨說：「諸將多駑才！」潛台詞是，朝廷這些將領都是飯桶！

前線傳來捷報，朱允炆非常高興，封盛庸爲歷城侯，擔任平叛總兵官，提拔鐵鉉爲山東布政使，緊接著又加封兵部尚書。既然李景隆這個窩囊廢只會逃跑，清剿大軍的主帥一職就改由盛庸擔任。

爲了洗脫自己的罪名，黃子澄聯合御史大夫練子寧和御史希賢，奏請朱允炆斬李景隆以謝天下。但是，朱允炆太仁厚了，終究放了李景隆一條生路。

殘酷的是，李景隆回報朱允炆的方式是背叛。後來，燕軍兵臨南京城下，危急存亡之際，朱允炆派李景隆固守金川門，誰知李景隆一領令卻直接打開城門投降，迎接朱棣入城。

第 3 章

一場怪誕的歷史戰爭

靖難之役簡直就是一場怪誕的歷史戰爭。朱棣千方百計想搶朱允炆的寶座，朱允炆卻一味顧念叔侄之情，性格弱點，註定他終將淪為失敗者。

朱允炆大力封賞鐵鉉和盛庸，既是嘉獎他們抗敵有功，也爲了激勵他們繼續戰鬥。以當時的局勢而言，北平一帶已經是朱棣的勢力範圍，爲了清剿叛軍，朱允炆授意盛庸整頓軍隊，準備出兵北伐。

建文二年（一四〇〇年）十一月，朝廷大軍還沒準備好北伐事宜，就傳來朱棣再次南下的消息。

燕軍從濟南敗退後，將士情緒低靡，朱棣認爲必須儘快打一場勝仗，才能鼓舞士氣。兩個月後，朱棣鄭重宣布整軍攻打遼東。

啥？攻打遼東？

眼看朝廷已經集結兵力要挺進北平了，朱棣竟然發神經要去打遼東？何況，此時遼東已是冰天雪地，根本難以作戰。

大將張玉、朱能認爲攻打遼東萬萬不可行，連忙勸阻。朱棣摒退左右，透露眞實的想法：「如今德州、定州都有朝廷重兵駐守，只有滄州尚無防備。我佯稱要攻打遼東，實際上是要偷襲滄州。」

隨即，朱棣率軍出發，軍隊行進到天津，突然直奔滄州而去。朝廷守軍毫無防備，被殺得潰師大敗，主將被俘。攻破滄州城後，燕軍勢如破竹，幾天內就攻陷德州，接著濟寧等地相繼陷落。

熊熊烈火就要燒到眉毛了，儘管還沒準備好，盛庸不得不出兵抗擊。兩軍相遇，朝廷大軍接連敗退。

盛庸的表現沒有先前勇猛，朱棣認爲其中一定暗藏陰謀。然而，前方帝都的誘惑實在太強烈了，如果不乘勝追擊，一旦錯過時機，也許會遺憾終生。爲了完成夢想，即使前方是刀山火海，朱棣也要硬闖。

盛庸一再敗退，連曾經令朱棣極爲難堪的濟南都被燕軍攻陷了。不到一個月的時間，燕軍攻到東阿、東平一帶，大軍兵臨東昌。就在東昌城，朱棣再一次遭逢了平生的勁敵。

在大明歷史上，盛庸像是一個來歷不明的外星人，連《明史》等官方史料都沒弄清楚這位老兄的身家背景。盛庸對付燕軍的方法，也讓朱棣摸不著頭緒。第一次敗給盛庸，朱棣就派人調查他的履歷，結果卻令人難以置信，因爲資料顯示，他是一個經常打敗仗的人。

根據史料，盛庸曾經在耿炳文麾下擔任參將，接著又跟隨李景隆。李景隆這廝太愛逃亡了，盛庸也跟著一路敗逃，逃到濟南城，盛庸終於看不下去，拒絕沒完沒了地逃亡。

從盛庸的資料，朱棣根本找不出他的弱點。相對的，盛庸經過無數次失敗，卻發現朱棣的弱點。

燕軍只有十幾萬人，爲什麼如此猖狂？

最主要的原因是，燕軍以騎兵爲主力，又以朵顏三衛爲先鋒，善於橫衝直撞，作戰相當勇猛。第二個原因是，朱棣用兵總是先率領騎兵突襲敵軍的側翼，將對方的戰陣攪亂，然後由步兵進行掩殺。簡而言之，燕軍能夠一路南下，騎兵扮演相當重要的角色。

爲此，盛庸特地針對朱棣的習性布下殺陣。

來到東昌城，朱棣看到一個詭怪的現象，盛庸的軍隊竟然背城列陣。按常理而論，作爲守城的一方，盛庸應該緊閉城門，命令軍士站在城頭嚴守。這樣的部署違背常理，朱棣開始感到這個人並不那麼簡單。

不僅朱棣不能理解這種莫名其妙的部署，連盛庸的部屬也無法理解。接到出城列陣、迎戰叛軍的命令時，大軍一片譁然。大家都覺得，盛庸分明就是讓他們去城外送死。

騎兵是燕軍的主力，只有火器和弓弩能夠有效對付。戰鬥之前，盛庸製造了大量的火器和弓弩，還在箭頭上塗抹毒藥。

戰鼓一響，朱棣身先士卒，領著一支騎兵火速衝向盛庸的右翼。令他詫異的是，盛庸的側翼竟然難以動搖。

訝異間，盛庸的軍隊炮箭齊發，射殺無數燕軍騎兵。

朱棣立刻調整戰術，直攻盛庸的中軍部隊。

果然如朱棣所料，盛庸的中軍不堪一擊，一交戰前面潰散。朱棣意氣風發，率領大軍死命追擊。誰知越追擊，地形越來越狹窄，朱棣感覺情況不對勁。當他發覺上當後，已經深陷火器和弓弩的包圍了。

在火器和弓弩猛烈射殺之下，燕軍一片混亂。大將朱能勇猛過人，奮勇殺出層層包圍，但是很快他就發現朱棣還在重圍之中。在危急關頭，朱能再次挺身衝入包圍圈，拼死將朱棣救走。

東昌一戰，朱棣僥倖撿回一條命，卻損失了愛將張玉。張玉是朱棣麾下的第一勇將，見到朱棣深陷重圍，也冒死殺進去救駕。但他殺進包圍圈時，朱棣已經被朱能救走了。在亂軍中，張玉格殺數十人後傷重力竭而亡。

張玉陣亡，燕軍士氣更加低落，緊接著，平安又率領大軍殺到，加入圍剿、截擊的行列，燕軍全面潰逃。

東昌一戰，燕軍傷亡幾萬人。朝廷接獲的捷報則誇大說燕軍精銳盡失，殲滅燕軍指日可待。

儘管東昌一戰朝廷大軍斬殺敵甚多，但並不是一場徹底勝利的戰役，因爲朱棣毫髮無傷地逃脫了。

幾萬支火器，再加上幾萬個弓弩手，連燕軍第一勇將張玉都被砍成碎屍，爲何朱棣能夠毫髮無傷？難不成朱棣有神功護體，還是冥冥之中有神靈庇護？

答案是兩者皆非，神功護體、神靈庇護的說法太過玄異，比較客觀的事實是朱允炆罩著他，給了他一道免死詔令。

有沒有搞錯？朱棣都起兵要把朱允炆趕下台了，朱允炆居然還護著他？

別懷疑，朱允炆確實這麼仁弱，仁慈到弱智的程度。朱棣被圍困了幾次，最後之所以能夠安然無恙，全因爲朱允炆的一句話：「諸將以天子有詔，毋使負殺叔父名，倉促相顧愕眙，不敢發一矢。」

朱允炆下詔不准殺害朱棣，朝廷官兵只能包圍他，設法擒住他，既不敢砍他，也不敢射殺他，他要突圍逃跑，誰也拿他沒辦法。只准朱棣砍死人，不准別人砍死他，朱棣根本就是打不死的大魔王，這仗怎麼打？

朱棣是叛軍的首領，是叛軍的精神寄託。只要朱棣不死，無論環境多麼惡劣，他都能聚集一幫死士捲土重來。

朱允炆仁弱到這種地步，無異於自掘墳墓。

既然朱允炆下令不能殺害朱棣，征討大軍中就沒有敢殺朱棣的人。從這個角度來說，靖難之役簡直就是一場怪誕的歷史戰爭。朱棣千方百計想搶朱允炆的寶座，朱允炆卻一味顧念叔侄之情，不忍心殺害朱棣。

或許可以這麼說，朱允炆的性格弱點，註定他終將淪爲失敗者。

第 4 章

老天老是作弊幫朱棣

「靖難之役」第一個疑團是朱棣多次身先士卒，卻一點傷都沒受過。第二個詭異之處是，每到關鍵時刻，老天就要颳起風沙幫助朱棣。

燕軍甩脫朝廷大軍追擊，退回北平之時，已經是建文三年（一四〇一年）一月，但損傷情況似乎沒朝廷捷報宣稱的那麼慘烈。因爲，短短一個月後，朱棣又再度率軍南下了。

逃回北平後，朱棣和道衍和尚共商大計。姚廣孝告訴朱棣，經過東昌一戰，燕軍傷亡過重，士氣盪到谷底，爲了激勵士氣，朱棣應該爲大將張玉等犧牲將士舉辦一場隆重的葬禮。

從歷史的角度看，張玉的葬禮完全是一場政治表演秀。首先，張玉等人死於亂軍之中，連屍首都沒有，怎麼辦葬禮？其次，在葬禮上，哭得最哀慟的不是張玉的家眷，而是朱棣。

在悼祭儀式上，朱棣親自宣讀祭文，讀到傷心之處，不禁失聲痛哭，脫下戰袍投入火中，悲壯地說：「我眞想和你們這些犧牲的將士同生共死！」

燕軍見到朱棣的眼淚像自來水直流，個個義憤塡膺，發誓要爲張玉等人報仇。

經過一個月休整，建文三年二月，朱棣第三次率軍南下，此時燕軍已擺脫低靡氣息，氣勢如虹。接獲消息後，盛庸立即率軍北上攔阻，三月，兩軍在夾河相遇，依河紮營列陣。

對朱棣而言，盛庸算不上厲害的將領，之所以能夠取勝，是因爲他摸透了燕軍的作戰模式。朱棣想戰勝盛庸，同樣需要瞭解對方。不過，蒐集到的情報相當有限，只知道盛庸先前是被追著打的敗將，擁有火器和弓弩這兩項強力兵器。

爲了瞭解對方，朱棣決定冒險一試，親自當一次偵察兵，近距離觀察盛庸。

某個陽光明媚的早晨，朱棣騎著馬，筆直地衝向布好戰陣的朝廷大軍。朱棣大搖大擺來到陣前，一副校閱軍隊的架勢，盛庸氣炸了，卻又莫可奈何，只能乾瞪怒眼。朱允炆太腦殘了，居然下了禁殺之旨，不能讓朱棣有什麼三長兩短。

有什麼上司，就有什麼下屬。從這種詭異的場景來看，盛庸並不是殺伐果斷的將領，否則只要發動人海戰術，下令士兵一擁而上，任憑朱棣再悍勇，也難逃被活逮的下場。

朱棣一派從容，近距離觀察朝廷大軍，接著輕輕一踅，轉向朝廷大軍的左翼，最後還察看了右翼。

直到看滿意了，朱棣才悠悠然返回自己的陣營。

經過一番偵察，朱棣發現，盛庸的布陣方式毫無缺失，一時間無法破解。這該如何是好？

不料，就在朱棣自言自語地比劃手勢、苦想突破方法的時候，大將譚淵居然會錯意，率領一支軍隊直挺挺地衝向朝廷大軍，大戰由此引爆。

盛庸陣營由後軍大將莊得出戰，短兵相接後幾刀就把譚淵砍死在馬下。燕軍群情激憤，紛紛衝入戰陣。盛庸害怕燕軍騎兵趁機攻擊中軍，連忙調動右翼，準備全面應戰。戰事迅速升級，戰場一片混亂。

朱棣抓住這個時機，調動一萬名騎兵猛攻。幸好，盛庸緊急應變，片刻就穩定中央軍隊的陣勢。

戰況穩定下來後，朱棣的騎兵討不到便宜，只得撤退。這次撤退，朱棣主動殿後，他知道朝廷大軍不敢朝他開火或者射箭。

在這場混戰中，盛庸麾下大將莊得死於騎兵鐵蹄下，被踏成了肉泥。更令盛庸憂懼的是，朱棣發現了朝廷大軍的弱點。

果不其然，朱棣回到大營，信心滿滿地告訴諸將，朝廷大軍儘管有火器和弓弩的優勢，但作戰並不靈活，只要騎兵能夠把握時機，覷準朝廷大軍調動的空檔，一定可以擊破對方。

第二天，又是一場硬碰硬的鏖戰。

朱棣命令兩支騎兵分別進攻朝廷軍隊兩翼，盛庸看出了朱棣的意圖，死守中軍。只要中軍巋然不動，朱棣就找不到軍隊的破綻。

雙方激戰到中午，互有死傷，但都不能徹底打敗對方。當時雙方戰況非常激烈，《奉天靖難記》如此記述：「兩軍兵刃相接，彼此戰疲，各坐而息。已而復起戰，相持不退，飛矢交下。」

就在雙方相持不下的時候，老天爺又作弊了，戰場上突然颳起一陣狂風，吹得現場飛沙走石。朝廷軍隊頂著風沙，根本無法作戰，趁此天賜良機，朱棣大驅軍馬，殺得朝廷大軍損傷慘重。

燕軍乘勝追擊，連率軍前來助戰的吳傑和平安也被殺敗，躲進眞定城。

隨後，朱棣率軍逼進眞定，兩軍於藁城交戰，不少燕軍被朝廷軍隊的火器和弓弩射傷，連朱棣的帥旗都被射成刺蝟。但是，由於朱允炆的禁殺之旨，朱棣本人安然沒事。

次日，雙方再次交戰。戰鬥中，突然又颳起了猛烈大風，朝廷軍大敗。燕軍四面圍攻，斬殺六萬餘人。吳傑、平安敗逃回眞定城，堅守不出。

翻開《明史》記載，讀到「靖難之役」這一段，總是讓人百思不得其解。第一個疑團是朱棣多次身先士卒，卻一點傷都沒受過。第二個詭異之處是，每到關鍵時刻，老天就要颳起風沙幫助朱棣。

如果沒有那麼多次詭異的風沙，朱棣早就被生擒活捉了。

取得夾河戰場的勝利，又乘勝擊潰了吳傑、平安，朱棣接連攻下順德、廣平、大名等地，所過諸郡縣全望風歸降。

情勢對朝廷越來越不利。

建文三年（一四〇一年）閏三月，燕軍抵達大名府時，朱允炆使出緩兵之計，下詔罷謫齊泰、黃子澄，試圖勸朱棣罷兵。

朱棣才不上當，非但沒有停止南下的腳步，還以「誅奸除惡」爲藉口，回敬朱允炆。他寫了一封奏書，冷冷地說：「比聞奸臣竄逐，臣亦將休兵就藩。而吳杰、平安、盛庸之衆，猶聚境上，是奸臣雖出而其計實行，臣不敢奉詔。」

朱允炆的緩兵之計被朱棣戳穿，未能如願，連忙召來方孝孺問有什麼對策。方孝孺認爲燕軍屯駐在大名，天氣暑熱多雨，不戰自疲，可以徵調遼東將士入關，攻擊永平、眞定，直搗北平。如此一來，燕軍必然得回師救援北平，朝廷軍隊便可乘機隨後夾擊。

朱允炆採納了方孝孺的建議，爲了贏得調兵遣將的時間，便由方孝孺草擬了一份詔書，宣告赦免朱棣反叛之罪，命令他罷兵歸藩。這封詔書由大理寺左少卿薛岩負責送達，同時朝廷也印製諭令數千張，讓薛岩伺機在燕軍中秘密散布，企圖動搖燕軍軍心。

薛岩奉命來到大名，朱棣看完詔令，不悅地說：「帝王之道，自有弘度，發號施令，昭大信於天下，豈能在詔書中挾詐，視祖宗基業爲兒戲！」

朱允炆你這小子想使詐唬弄我啊？就憑你的智商，未免差太遠了！朱棣悍然拒絕朱允炆的罷兵歸藩要求，薛岩見情況不對，不敢多加逗留，趕緊匆匆返朝，連隨身攜帶的諭令也未敢散發。

更悲慘的是，方孝孺寄以厚望的遼東軍根本不堪一擊，一交戰就被燕軍擊潰。

一計不成，方孝孺再生一計，試圖離間朱棣父子。一旦朱棣父子心生嫌隙，彼此猜忌，燕軍的士氣必然大受打擊。他讓朱允炆寫了一封密信，派使者送去給朱棣的大兒子朱高熾，信裡說只要朱高熾效忠朝廷，就把燕王的爵位賜給他。

朱高燧的眼線得知此事，火速向朱棣報告，指稱「世子勾結朝廷」。此時，朱高煦正在朱棣身邊，也趁機落井下石，數落朱高熾的不是。

朱高熾竟然和朝廷勾搭！朱棣氣得七竅生煙，正準備逮人問罪，朱高熾已經派人將使者連同密信送到。朱棣一看密信連拆都沒拆，立即醒悟這是朝廷的毒計，驚歎道：「嗟乎，幾殺吾子！」

由此可見，朱棣真的動了殺心，幸好方孝孺的反間計被聰明的朱高熾破解。

第 5 章

局勢全面翻轉

決定楚漢之爭勝敗的垓下之戰，就發生在靈壁縣境內，如今也朱棣在這裡徹底擊潰朝廷大軍主力，使得局勢全面翻轉。朱允炆聽到回報，簡直像聽到閻王敲響了喪鐘。

建文三年（一四〇一年）五月，盛庸、吳傑、平安等率兵截斷燕軍的糧道。朱棣火大了，派燕山衛指揮武勝去京師上奏，說朝廷不是許諾罷兵嗎？可是，盛庸等人卻出兵斷絕燕軍餉道，與詔旨所言大相徑庭，必有奸佞主謀。

朱允炆見到奏書，想罷兵了事。方孝孺認為朱棣根本就是在使詐，急忙勸阻：「天下軍馬一經罷散，就很難再聚集，若是燕王不罷兵，率軍長驅直下，我們用什麼來抵禦呢？」

朱允炆覺得言之有理，下令將武勝逮捕處斬。

得知武勝被斬，朱棣怒不可遏，決定以牙還牙。

建文三年（一四〇一年）六月，朱棣派都指揮李遠率六千名騎兵潛行至濟寧、沛縣一帶，換穿朝廷軍服，混進大軍中，然後伺機焚毀德州的運糧船隻，把軍資器械全燒了，造成德州糧餉難以為繼。

朝廷接獲報告，不禁譁然。

盛庸想討回面子，命都督袁宇帶三萬人攻擊李遠，不料被李遠設伏打敗。

七月，燕軍攻打彰德、林縣，平安見有機可乘，便乘虛攻向北平，盛庸也調派河北、山西一帶的軍隊助攻。奉命守城的朱高熾一邊固守，一邊派人向朱棣告急。

朱棣隨即率軍回防，擊退了朝廷軍隊。

到了建文三年（一四〇一年）底，靖難之役已經打了兩年多，儘管朱棣在對戰中佔上風，但南下的速度遭遇朝廷大軍多方攔阻，猶如在泥淖之中前進。癥結就出在朱棣習慣攻城掠地，試圖和朝廷爭奪地盤，時間、精力都耗費在和朝廷軍隊死纏爛打。

道衍和尚姚廣孝認爲這種作戰模式曠日廢時，無法取得決定性勝利，便建議朱棣：「毋下城邑，疾趨京師，京師單弱，勢必舉。」

別再攻城掠地了，大軍直接開去打南京！朝廷徵調的兵力已經超過一百萬，但全都派到外地征戰，南京的兵力相對薄弱，只要攻下南京，搶下皇位，就能制控天下，屆時誰敢不聽從你的號令？

朱棣恍然大悟，立即集中兵力，再次誓師南征，目標：南京！

誓師之時，朱棣慷慨激昂對將士們說：「頻年用兵，何時已乎？要當臨江一決，不復返顧矣。」

由此可見，這次出兵，朱棣抱著一較雌雄的決心。

趁著朱棣帶兵南下，朝廷軍隊又開始集結，大舉壓向北平城。

儘管北平告急，朱棣還是不管不顧，帶領軍隊快速向前推進，因爲他收到一個天大的好消息，那些暗中勾結朱棣的宦官偷偷通風報信：帝都空虛。

情況確實如姚廣孝所料，南京城沒有重兵守衛。朱棣不再硬磕，繞開久攻不下的濟南，逕自挺向兵力薄弱的徐州。這個轉變太大了，鐵鉉和盛庸等人想都沒有想到，還在死死守衛濟南。

沒有遇上重兵頑抗，燕軍一路南下，勢如破竹。

建文四年（一四〇二年）正月，朱棣連克東阿、東平、單縣，燕軍筆直地向徐州挺進。爲保衛徐州，平安緊急帶領四萬騎軍，風一般地向朱棣追來。到達徐州後，平安卻發現徐州城完好無缺。

現在的朱棣，不像以前那樣執著了。只攻打徐州城一次，沒能攻下，就領著軍隊轉而攻打安徽宿州。道理很簡單，條條大路通帝都，徐州攻不下就算了，只要打下宿州，同樣可以通往南京，神經病才跟你瞎耗。

朱允炆見朱棣來勢洶洶，急忙任命駙馬都尉梅殷爲總兵官，鎮守淮安，阻擋燕軍南下，又命魏國公徐輝祖率兵援救山東。

平安領著四萬騎兵，好不容易追到淝河，卻被朱棣暗藏的伏兵殺得人仰馬翻。儘管軍隊損失了大半，平安還是緊追不放，追了大半個月，終於在淮水追上燕軍，兩軍沿河列陣，準備隔日清早開戰。

到了夜半，朱棣領軍偷襲，平安潰敗。就在平安軍就要被圍殲的時候，情勢再度逆轉，徐輝祖率軍殺到，燕軍大敗，大將李斌被斬。

時值四月下旬，天氣炎熱，軍糧供給又不足，將領們開始打退堂鼓，提議渡河回師，先返回北平休整。

在關鍵時刻，說出這種喪氣話，朱棣很生氣，告訴大家：「想渡河的站到左邊，不想渡河的站到右邊。」

一陣靜默之後，只有朱能等幾名將領站到右邊，其餘全站到左邊。

朱棣氣炸了，幸而朱能挺身強力支持朱棣，向將士們信心喊話：「漢高祖十戰九不勝，卒有天下！而今我們連連得勝，豈能因爲一時的小挫折便退兵而回，向他人稱臣！」

朱能這番話適時穩住了軍心，沒人再主張回師。

命運之神顯然很眷顧朱棣，就在燕軍士氣疲弱之時，朝廷又出昏招，竟下令調徐輝祖回師南京。

徐輝祖被調走，單憑平安根本抵擋不住朱棣。朱棣覷準時機，襲擊平安的後勤部隊，劫了大批軍糧，燕軍士氣大振。接著，朱棣又乘勝追擊，將平安圍困在靈璧。這下，換朝廷軍隊鬧糧荒，差點發生譁變。

被困在孤城，還缺乏糧食，只有突圍可以活命。可惜，平安運氣不好，在突圍過程中被活捉，朝廷軍隊全軍覆沒。

靈璧一戰，朱棣活捉三十七名朝廷將領，以及中級軍官一百五十名，投降者不計其數。

一千六百年前，決定楚漢之爭勝敗的垓下之戰，就發生在靈璧縣境內，如今也朱棣在這裡徹底擊潰朝廷大軍主力，使得局勢全面翻轉，可說是歷史的巧合。

靈璧之戰過後，燕軍向東南長驅直下。朱棣派人到淮安，向駙馬都尉梅殷說：「能不能借個路，讓我去鳳陽皇陵祭拜一下祖先？」

朱棣這話暗藏玄機，意思是他要從淮安通過，希望梅殷識相一點，讓個路。

梅殷的回答很直接，把朱棣派去的人割掉耳朵、鼻子，然後放回去。

朱棣看到這副慘狀，大吃一驚，忙問怎麼回事？

這人回答說：「是駙馬爺下的毒手，說留我一張嘴，爲王爺說說君臣大義。」

朱棣不願多耗費時間和梅殷對陣，選擇繞道而行，從泗州渡越淮河，接著在洪澤湖畔遙祭拜朱元璋的父祖。

接著，燕軍渡過淮河，很快就兵臨揚州城。

揚州是南京的門戶，按理說，朝廷應該派忠貞將領嚴防死守，偏偏朝廷並未多加重視。朱棣聲勢震天，駐防揚州的將領信心逐漸動搖，傾向開城投降。很快，負責防務的監察御史王彬被殺，揚州城不攻自破。

揚州改旗易幟，城上燕軍旌旗招展，氣勢逼人。

朱允炆聽到回報，簡直像聽到閻王敲響了喪鐘，他開始後悔了，不殺朱棣無疑是一大錯誤。

第 6 章

朱允炆人間蒸發

朱允炆萬念俱灰，放了一把火，這把火象徵著靖難之役結束，朱允炆葬身火海，朱棣浴血奮戰三年，最後終於贏得至高無上的權力。

揚州淪陷，帝都南京城危如累卵。

朱允炆驚慌不已，與方孝孺商議後，定下幾個救急方法，試圖力挽狂瀾：一是下罪己詔，公開檢討自己的過失，二是號召天下志士勤王，三是緊急派大臣外出募兵，四是割地求和，儘量拖延時間。

方孝孺對朱允炆說：「事態緊急，勤王之師一時難以趕至，不如先派人前去議和，等各地勤王部隊開到，再與叛軍決戰江上。」

此時，朱允炆已六神無主，派慶成郡主前去拜見朱棣，允諾分一小塊土地給朱棣，讓他罷兵收手。

慶成郡主是朱棣的堂姐。到了這個節骨眼，朱允炆還心存幻想，認爲朱棣或許會看在親情的份上，答應慶成郡主帶去的議和條件。只可惜，緩兵之計騙不了朱棣，朱棣要的是天下，是至高無上的權力，既看不上那一小塊封地，也不相信親情。

臨別時，朱棣告訴慶成郡主：「帝都就要被攻破了，妳最好先搬離京城避難，等戰爭結束再搬回來吧。」

議和失敗，朱允炆更加不知所措。

方孝孺安慰他說：「長江天塹可以抵擋百萬雄師，眼下我們已經把江北的船隻全都燒毀，叛軍想渡江並沒那麼容易。現在天氣炎熱，過不了多久，叛軍受不了，就會自動退軍。」

事實證明，這只是一廂情願的安慰之詞。

拒絕議和條件後，朱棣大驅軍馬，向浦子口開來。扼守浦子口的，正是中央的最後一員猛將盛庸。戰鬥初期，盛庸佔了上風，眼看就要殺退燕軍，卻在關鍵時刻殺出程咬金。

雙方激戰時，朱高煦帶來了一支生力軍加入戰鬥。

朱高煦此次戰鬥特別賣力，很顯然是因爲朱棣就要當皇帝了。朱棣一登基，他就有望成爲太子，成爲帝國接班人。

朱高煦是這麼想的，他的大哥朱高熾身體不好，一定活不長久；只要朱高熾一死，繼承皇位的就是他。

不僅他這麼想，幾次戰鬥中，朱棣也曾這麼對他說。

權力的誘惑是無法抵抗的，朱高煦鼓起一股猛勁，很快就打敗朝廷軍隊。隨即，江防主將陳瑄率舟師投降，燕軍順利渡江前進。

六月三日這天，朱棣終於看到南京城了。但是，他並沒有顯出高興的神色，南京城從朱元璋稱王時就開始經營，城高池深，城牆不僅用花崗岩砌成，甚至加上糯米石灰，非常堅固。再說，現今京城裡面，還有徐輝祖帶回來的十幾萬軍隊，不是那麼容易攻破。

因此，朱棣先行佔領鎮江，對南京形成合圍之勢。

朱棣兵臨南京，準備攻城。

情況雖然危急，南京還有一定的防衛力量，再加上城高池深，可以堅守一段時間，等待各地勤王部隊前來救援。然而一些朝廷官員不想等，見情勢不妙，立即選擇出逃，根據《明史》記載，「一夕縋城去者四十餘人」，「在任遁逃者，四百六十三人」。

若干膽小怕死的大臣，剛剛聽說燕軍圍城，立刻勸朱允炆棄城而逃。但是，方孝孺認爲，南京城內還有十多萬軍隊，應該堅守待援，無論如何，天子都不應該落荒而逃。如果天子拋棄皇宮、拋棄了南京，就等於拋棄祖上的基業，無疑證明朱棣造反有理。

大臣們又問方孝孺，萬一京城被叛軍攻破了，該怎麼辦？方孝孺神色凜然地說，如果京城眞的被攻破了，大家都應該以身殉國，爲了江山社稷而死。

方孝孺建議再派朝中大臣、在京藩王前去談和，儘量拖延時間。於是，六月九日，朱允炆派李景隆、茹瑺等人去見朱棣；六月十日，又派谷王朱橞、安王朱楹前去議和，但都毫無結果。

到了六月十二日，外出募兵勤王的大臣們仍不見蹤影，朱允炆只得派藩王和武臣守衛各個城門。

當時，位於南京城西北面的金川門，是燕軍攻擊的重點。朱允炆思來想去，應該派最信得過的人把守。

這個想法沒錯，錯就錯在他的眼力實在大有問題，竟然挑了兩個最不能信任的人——曹國公李景隆和谷王朱橞。

朱橞和李景隆接任後，從牆頭望見朱棣的麾蓋遠遠而來，二話不說立即打開城門，熱情歡迎朱棣入城，史稱金川門之變。

燕軍從金川門湧入，南京淪陷在即，朱棣的大舅子徐輝祖率領京城軍隊抵擋，但很快就敗下陣。朱棣的小舅子，左都督徐增壽企圖充當內應，被氣憤不已的朱允炆親自誅殺於左順門。

眼看朱棣領著大軍要衝進皇宮了，朱允炆萬念俱灰，憂憤、悲痛、絕望之餘放了一把火，將富麗堂皇的皇宮燒得劈啪作響。這把火象徵著靖難之役結束，朱允炆葬身火海，朱棣浴血奮戰三年，最後終於贏得至高無上的權力。

在皇宮的灰燼裡，沒發現朱允炆的屍骸；在被抓捕的人中，也不見朱允炆的蹤影；在爲保衛皇宮而戰死的人中，也沒有朱允炆的屍首。朱允炆活不見人，死不見屍，成了《明史》一大懸案。

據說，當時有人找到了一具燒焦的屍體，面目已無法辨認，朱棣上前察看，一口咬定他就是朱允炆，感慨道：「小子無知，乃至此乎！」

一場大火，不僅燒毀了皇宮，也將朱允炆燒得下落不明。《明史》的記載出現不少矛盾之處，有的篇章說朱允炆死了，朱棣從灰燼中找到遺骸，把他安葬了；有的篇章說他從地道逃出南京城，不知所蹤；有的篇章則說他流亡海外，後來鄭和七下西洋就是爲了尋找他的下落。

《明史紀事本末》則記載一個無法考據眞僞的故事。

話說南京城破的時候，建文帝朱允炆親手殺死徐增壽，想再殺李景隆洩憤，但沒找到人，栖栖皇皇回到皇宮後便想自焚。

身邊的近臣勸他不如先逃命，再做打算。這時，有個宦官說，明太祖朱元璋生前曾留下一個匣子，吩咐大難臨頭之時才能打開。

取出匣子一看，裡頭有一張度牒，上面寫著法名「應文」，還有袈裟、鞋帽、剃刀。另外，還有一張紙條，交代說：「應文從鬼門出行，其餘人從水關御溝而行，在神樂觀西邊會合。」

當時，朱允炆身邊還有一些忠貞之士願意隨他流亡，最後一行人逃出南京，輾轉逃到雲南。

後來，有些野史還根據這個記載，繪聲繪影描述朱允炆在雲南的行蹤。

那朱允炆到底死了沒？

不少明史研究者認爲，朱允炆並沒死於那場皇宮大火，朱棣所指的那具焦屍，很可能是朱允炆的皇后馬氏。

朱允炆生死成謎，朱棣內心很不踏實，當上皇帝後派人四處打探他的下落，但都不見蹤影，最後懷疑他流亡海外去了。

《明史．鄭和傳》說：「成祖疑惠帝蹈海去，欲蹤跡之。」

《明史．姚廣孝傳》也持相同說法：「傳言建文帝蹈海去，帝分遣內臣鄭和數輩，浮海下西洋。」

意思是，鄭和下西洋的另一個目的是找尋建文帝朱允炆。

除此之外，朱棣登基後也派心腹胡濙巡訪各地，「遍行天下州郡鄉邑，隱察建文帝安在」。

第 7 章

朱棣瘋狂大屠殺

為了證明自己不是亂臣賊子，朱棣大開殺戒，羅列了「奸臣」名單，然後狂殺猛殺，凡是反對他登基的、凡是膽敢罵他亂臣賊子的，沒有一個倖免於難。

靖難之役結束，大明江山易主。

朱棣率軍進入皇宮，諸位藩王就領著群臣上表，請他登基當皇帝。朱棣當然沒立即應允，他知道規矩，自古以來勸進這種事得辭讓三次才行。

第二天，換武將上表勸進，朱棣還是沒答應。

第三天，諸王和群臣又分別勸進，朱棣固辭不允。

到了第四天，朱棣就欣然接受了，騎著馬興沖沖就要入宮登基。就在這時，翰林院編修楊榮突然冒出來攔阻。楊榮拉住馬轡，意有所指問朱棣：「殿下是先祭拜皇陵，還是先即位呢？」

朱棣打著靖難旗號，既宣稱要查明父親朱元璋死亡眞相，又義正詞嚴說要鏟除奸佞、平定國難，如今大事底定，怎能不去告祭祖先，就急忙忙登基呢？

朱棣頓時明瞭楊榮的話意，連忙改道前去孝陵祭拜。楊榮也因爲一語點醒朱棣，獲得了重用。

六月十七日，朱棣在南郊祭祀天地，總算即位稱帝，史稱明成祖。

朱棣進入南京城後，爲了強調他起兵「清君側」的正當性，特地向南京軍民發布公告，翻成白話，大意如下：「諭知在京師的軍民人等，我先前一向守望我藩的封地，卻因奸臣弄權作威作福，導致我家骨肉被其殘害，所以不得不起兵誅殺他們，乃是要扶持社稷和保安宗親、藩王。今次研擬安定京城，有罪的奸臣我不敢赦免，無罪者我也不敢濫殺，如有小人藉機報復，擅作綁縛、放縱、掠奪等事情因而禍及無辜，並非我的本意。」

儘管朱棣出榜安民，很多老臣仍然成天罵他是亂臣賊子。爲了證明自己不是亂臣賊子，朱棣大開殺戒，讓他們一一閉嘴。接著，朱棣羅列了「奸臣」名單，然後狂殺猛殺，凡是反對他登基，凡是膽敢罵他亂臣賊子，沒有一個倖免於難。

不少忠於朱允炆臣民展現了氣節，紛紛自殺身亡。

朱棣張榜公告的奸臣，有四十四人，加上文獻中記錄在案的，共有一百二十四人。首惡，自然是齊泰和黃子澄。這兩個是死敵，無論如何不能放過。

朱棣進入南京之時，這兩人都不在城內。朱允炆表面上罷黜他們，實際上是讓他們出城招募軍隊。或許是這兩人辦事能力太差，南京都淪陷了，勤王之師連個影子都沒見到。

朱棣祭出重賞逮人，沒多久，黃子澄就被逮回朝廷問罪。黃子澄沒什麼能力，倒挺有氣節，無懼朱棣的審問，不屈而死。家人、族人不分老幼，一律處死，姻親全部發配邊疆。

至於齊泰，募兵不成，反倒成了朝廷欽犯，成天東躲西藏。這老兄平常很高調，總是騎著一匹白馬，此時怕被人認出來，就發揮創意用墨汁把馬塗黑。很顯然，他忽略了馬是會流汗的，馬走急了，汗水慢慢把墨汁沖淡，最後被認了出來。

齊泰也被逮回朝廷，下場和黃子澄一樣，不屈而死，族人全部被殺，和他沾親帶故的，一律發配邊疆。

除了齊泰和黃子澄，朱棣還痛恨兩個人，一個是方孝孺，另一個是鐵鉉。

朝廷大軍北伐時，方孝孺寫了一篇很精采的討賊檄文。朱棣看了檄文，氣得噴血，恨不得將他大卸八塊。但道衍特別叮嚀朱棣，老方是天下讀書人的楷模，攻陷京城後，無論如何絕對不能殺他，「殺孝孺，天下讀書種子絕矣！」

既然不能殺，那就想辦法籠絡。爲了招降方孝孺，朱棣做了很多工作。

但是，不管怎麼禮遇，方孝孺仍拒絕臣服。要登基之前，朱棣請方孝孺寫一篇布告天下的詔書，老方一口拒絕。最後，在朱棣強行壓制下，方孝孺拿起筆，卻寫了「燕賊篡位」四個大字。

朱棣忍無可忍，用利刃割下方孝孺的雙耳，並威脅要滅他九族。方孝孺大義凜然地說，縱使滅十族，他也不怕。朱棣氣瘋了，那就成全你，把方孝孺的朋友和學生列爲一族，眞的滅了他十族。在中國歷史上，這是唯一一次規模涉及十族的屠殺慘案。

史書記載，受方孝孺受牽連而死者共八七三人，充軍流放者千餘人。

方孝孺死後，非死不可的眼中釘，就是差點將朱棣砸死的鐵鉉。當時，鐵鉉還滯留在山東，不願歸降，抓住鐵鉉後，朱棣先進行一番嚴刑拷打。鐵鉉的骨頭跟方孝孺一樣硬，不肯屈服，令朱棣十分生氣。爲了羞辱鐵鉉，朱棣割下他的耳朵、鼻子，塞入他的嘴裡，最後把他扔進油鍋活活炸死。

曾上密奏建議朱允炆裁抑宗藩的卓敬，被朱棣滅三族；禮部尙書陳迪被迫吃兒子的鼻舌，株連了一百八十多人。刑部尙書暴昭被弄斷牙齒，砍斷手腳、脖子；御史大夫練子寧拒不屈從，被凌遲至死，親族一百五十多人被誅，數百名官員受到牽連，流配邊疆。

朱棣稱帝後，任命陳瑛爲都察院左副都御史，專門審訊忠於建文帝的前朝大臣。

陳瑛擔任北平按察使期間，就和朱棣勾搭上，後來因未收賄遭到舉報，被貶黜到廣西。靖難之役結束，朱棣特地把他調回京師，負責追查、懲治「奸黨」。

剛上任，陳瑛就對朱棣說：「您順應天意民意當上皇帝，百姓們都服從您，唯獨某些前朝大臣仍懷異心，比如侍郎黃觀、少卿廖升、修撰王叔英、紀善周是修、按察使王良、知縣顏伯瑋……等等，這些人和叛逆無異啊，請追究他們的罪責。」

朱棣答道：「我所殺奸臣不過幾人而已，這些人我都已寬恕且任用了。」

但是，陳瑛揣摩朱棣的心思，認為這不過是場面話，寧可錯殺一萬，不能錯放一人，仍將黃觀、王叔英等人抄家滅族，將他們的妻女發配為奴，連外親都遭到波及，株連了上百個家族。

御史大夫景清被磔於市，夷九族，先人的墳塚被挖開。

大理寺丞鄒瑾和監察御史魏冕，先前奏請朱允炆誅殺徐增壽，南京淪陷之際，兩人雖然投火自盡，妻女仍未能倖免於難，被送至教場司及兵營，淪為奴妓。

耿炳文、盛庸、平安、何福、梅殷……等投降將領，也一一遭到整肅，不堪迫害而自殺身亡。

陳瑛心狠手辣，以「瓜蔓抄」的方式株連「奸黨」，然後用種種殘酷手段進行刑訊。《明史》記載，陳瑛審訊時，都察院裡哀嚎的聲音響徹大堂，連陪審的其他御史都感到不忍。

陳瑛面色不悅，斥責說：「不以叛逆處此輩，則吾等無名。」意思是，若不將這些人定調爲叛逆，那我們便師出無名。於是，建文帝時代政治立場比較鮮明的大臣接連被酷刑處死，或在獄中自盡。某些政治立場不是那麼鮮明的官員，擔心自己會遭到波及，乾脆棄職潛逃。

經過幾個月大清洗，前朝的「奸黨」差不多抓光了、殺光了，朱棣才開始宣揚自己篡奪皇權的合法性。首先，凡是不符合朱元璋在位時施行的規章制度，無論大小一律廢除。其次，重新編寫《明太祖實錄》。

在新版的《明太祖實錄》裡，朱棣從小就備受朱元璋寵愛，而且忠君愛國、屢建功勳，要不是朱允炆和一干「奸黨」從中撥弄，朱元璋必定會將皇位傳給朱棣。

緊接著，朱棣重重地封賞那些爲了他的皇帝大夢，力戰而死或者立下功勞的部屬，張玉、譚淵、朱能、丘福、陳亨……等大將都得到封賞，適時歸附的李景隆、陳瑄、茹瑺……等人也獲得封賞。

要不是精神導師姚廣孝推波助瀾、運籌帷幄，朱棣就當不上皇帝。爲了表達敬意與回饋，朱棣封他爲資善大夫，兼任太子少師。

姚廣孝的官職屬於正二品，地位崇隆。但是，姚廣孝喜歡當和尚，白天到朝廷參與政事，每當夜幕降臨，就穿上黑色袈裟，回到寺廟誦經、禮佛、打坐。

接著，朱棣開始籠絡士大夫階級人，下令凡是建文年間遭到貶斥的官員，一律恢復職務。除了擢升官員，他也下令開科取士，積極培養自己的文官班底。

八月初一，朱棣令解縉、黃淮入文淵閣參贊政務，隨後將內閣成員擴編爲七人，命胡廣、楊榮、楊士奇、金幼孜、胡儼等人入閣，參與朝廷機要事務。從此，內閣制度開始在明朝政治中扮演重要作用。

爲了爭取諸王擁戴，朱棣即位後立即恢復被削的藩王爵祿，並加以賞賜。當然，這只是權宜之計。朱棣自己透過武裝政變奪取皇位，自然憂慮其他兄弟如法炮製，不過，他抑制諸藩的手段相對溫和穩健，先將各個邊塞藩王徙封至內地，然後一步步削弱他們的威脅。

掃平蒙古各部

朱棣追到斡難河，終於追上韃靼軍，不容本雅失里分辯，隨即率領騎兵橫衝直擊。斡難河一戰，明軍不僅徹底擊敗本雅失里，還搶得無數珍寶。

第 1 章

永樂元年那些事

朱棣命令福建都司造海船百三十七艘，為大航海時代揭開序幕。此外，為了接待更多外國使臣，設置廣州、泉州、寧波三個市舶司，也在京師建了會同館。

在追殺前朝政敵、大封靖難功臣之際，朱棣也不忘規劃著施政藍圖，思考著如何統治大明帝國。

終於，時間來到西元一四〇三年，朱棣正式改年號為永樂，自此大明王朝的歷史進入嶄新的一頁。

永樂元年發生的幾件大事，都跟永樂盛世的奠基息息相關。

永樂元年正月伊始，朱棣在華蓋殿宴請被朱允炆削廢的周王朱橚、齊王朱榑、代王朱桂、岷王朱楩……等人，讓他們各自前去新的封地就藩。這時候，政局剛剛穩定，朱棣既需要這些藩王擁護，也不想重蹈朱允炆的覆轍，於是先以懷柔手段穩住他們，再逐步壓縮各藩王的權勢，將他們的威脅降至最低。

接著，朱棣削減諸王的護衛數量，收回諸王對衛所軍的節制指揮權，並且頒布禁令：諸王不得擅自役使軍民士吏，不得過問地方事務。諸王犯下過失，先以書面進行警告，如不悔改便予以懲治，若是惡行不改，便廢為庶人。

意思是：各位老弟啊，人生苦短，大家各自去新的封地當快樂逍遙的王爺吧。不過，咱們醜話講在前頭，你們不要干預軍隊，不要役使官吏、百姓，也不要過問地方政事，要怎麼腐敗都沒關係，就是不要違法亂紀，否則，別怪哥哥我不客氣！

永樂元年（一四〇三年）正月十三日，朱棣到南郊祭祀天地，禮部尚書李至剛等人奏請改北平布政使司爲北京，奏書說得有理有據：「自昔帝王，或起布衣，平定天下；或繇外藩，入承大統，而於肇跡之地，皆有升崇。切見北平布政司，實皇上承運龍興之地，宜遵太祖高皇帝中都之制，立爲京都。」

這項建議正符合朱棣的心思，隨後朱棣頒下詔書：準備遷都北京。接著，改北平爲順天府，設置六部、各級官員，增設北京周圍衛所。詔書一下，遷都準備工作如火如荼展開，除了重建北京城及宮殿，疏通漕運等事宜也積極進行，並且有計劃遷徙各地富民到北京。

後來，朱棣多次北巡，期間長住在北京，南方政務由太子朱高熾處理，朝廷的奏章都必須送到北京審閱，北京逐漸成爲實際上的政治中心。但遷都畢竟是浩大工程，直到永樂十八年（一四二〇年），北京皇宮和北京城建成，這才正式遷都，以南京作爲留都。

正月，朝鮮國王李芳遠遣派使臣到南京朝貢，並表示其父李旦因病需要龍腦、沉香、蘇合、香油諸物，朱棣命太醫院悉數供給。此後，兩國的使臣往還愈加密切，李芳遠又遣使，請賜冕服、書籍。朱棣便賜給他金印、誥命、冕服、九章、佩玉、霞帔和經籍等。

二月，朱棣派遣使者送達詔書給韃靼可汗鬼力赤，並賜予銀幣等物。同年七月十五日，又遣指揮革來等人詔諭鬼力赤，再申講好修睦。

二月十八日，朱棣聽說烏斯藏（今西藏）僧人哈立麻精通道術，善於幻化，被稱爲「尙師」，頗想召他前來見面，於是派遣司禮監少監侯顯偕同僧人智先，帶著書幣出使烏斯藏。

哈立麻入京後，朱棣詔命駙馬都尉沐昕出迎，並在奉天殿親自接見。次年，朱棣加封哈立麻「大寶法王」稱號，賜領天下釋教。也賜給西藏宗喀巴之弟子釋迦也失「大慈法王」稱號，並擔任國師。侯顯因奉使有功，擢爲司禮監太監。

三月十一日，朱棣命平江侯陳瑄與都督僉事宣信二人充任總兵官，各率舟師由海道運糧四十九萬餘石到遼東和北京，以補充北方軍儲不足。從此，經由海道運送糧餉成了慣例。

四月，明成祖朱棣命戶部尙書夏原吉巡視浙西諸郡，治理蘇州、松江和嘉興等地的水患。夏原吉經過實地勘察，上奏整治之法在於開浚吳淞諸浦。朱棣便命夏原吉督率民丁十餘萬人，開浚吳淞江下流以通海，上接太湖，並且「度地爲閘，以時蓄泄」。

五月，朱棣命令福建都司造海船百三十七艘，到了八月，又命京衛及浙江、湖廣、江西、蘇州等府衛建造海運船二百餘艘，為大航海時代揭開序幕。此外，為了接待更多外國使臣，設置廣州、泉州、寧波三個市舶司，負責查驗來華貢使身份、安排貢使食宿、管理口岸。同時，也在京師建了會同館。

七月，朱棣對翰林院侍讀學士解縉表達了編修古今文獻大成的想法，隨後命令解縉等人進行《永樂大典》的纂修。

九月，廢除了朱元璋片板不准下海的閉關政策，派宦官出使爪哇國、蘇門答臘、暹羅、滿剌加、柯枝等國，從此開啓宦官出使外國的先河。

十月，日本使臣一行來到南京表貢方物，朱棣優禮相待。日本使臣還國時，朱棣遣派官兵護送，並送給日本國王源道義（足利義滿）冠服、龜鈕金章及錦綺、紗羅等物。從此，兩國恢復友好往來。

十一月，女眞各部首領入關朝見，朱棣親自接見阿哈出等人，正式設置建州衛軍民指揮使司，任命阿哈出為指揮使，並賜予誥印、冠帶。其他各部首領被任為千百戶、鎮撫等。

從此，大明王朝在女眞族地區開始大規模的衛所設置。

閏十一月，安南國王遣派使者前來朝貢，朱棣派禮部郎中夏止善等人前往安南查訪，隨後賜封胡查爲安南國王。

同時，朱棣選遣宦官隨顧成、韓觀、何福等人出鎭貴州、廣西、寧夏等邊防重鎭，並賜與公爵服，位階在諸將之上。後置三大營，又命宦官提督監京營軍，此舉也開明代宦官專權的禍端。

第2章

見證永樂盛世的帝都

朱棣遷都北京，是出於政治和軍事的原因，地理位置非常敏感，控制住了北平一帶，向內可以守衛大明疆土，向外可以進一步擴展。

朱棣成功進入帝都應天，是一件歷史大事，但隨即便暴露了大明王朝邊防的缺陷，少了燕王朱棣和寧王朱權鎮守，北平就沒有安寧的日子好過。

趁著靖難之役，明朝周邊的藩屬國紛紛叛亂，大搞獨立戰爭。最爲嚴重的是，蒙古軍隊覷準了北平空虛，屢次南下騷擾。

在明太祖朱元璋的安排中，燕王朱棣和寧王朱權負責戍衛北方。靖難之役爆發後，朱棣的軍隊幾乎全部投入南方戰爭，寧王的精銳部隊也被收編，蒙古軍隊見明朝邊防空虛，便一路南下，勢如破竹。

更糟的是，北平守將沈永庸碌無能，聽任蒙古騎兵燒殺擄掠，還隱瞞不報，直到大批難民如潮水般湧向南方，朝廷才知道情況不妙。朱棣獲報，勃然大怒，下令把沈永拖出去一刀砍了。

但是，殺了沈永，北方的問題並未解決。

蒙古鐵蹄屢次侵擾，促使朱棣興起了遷都的念頭。這個決定使得大明朝政治格局從此改變，並且影響後來的清朝，以及現今的中國。

明朝開國時選定的國都南京，是朱元璋打天下之時的根據地。當時，朱元璋的主要征戰地區在長江、淮河流域，選擇六朝古都作爲大本營並無不妥。

只是，隨著統治疆域日漸擴大，最後驅逐北元，統一全國，南京的偏安格局就顯得侷促，朱元璋也思考著是否要遷都。當時，主要考慮的地點有北平、開封和西安，最後敲定西安。

洪武二十四年（一三九一年），太子朱標奉命巡視西北，經過一番實地考察後向朱元璋提出遷都方案。不料，朱標隔年四月突然病亡，朱元璋深受打擊，也不想勞民傷財，遷都方案就此擱置。

到了永樂年代，朱棣想遷都北京，除政治考量，更多是軍事考量，認爲「北京山川形勝，足以控四夷，制天下」。但都城所在，對於一個封建王朝來說，無異於國之根本，因而遷都在大多數人看來，必然會動搖國本。

這項詔令剛剛頒布，朝廷內部分裂爲兩派，北方一派舉雙手贊同，南方一派則不同意遷都。

北方一派以朱棣爲首，附和者大多是參與靖難之役的文臣武將。理由很簡單，他們的老家在北平，到了南方後，吃不習慣，住不習慣，連天氣都適應不了。

朱棣雖然生在應天，可是大半生都在戰亂中度過，不滿二十一歲就被派往風沙肆虐的北平。

經過若干年的努力，朱棣在北平建立了小王國，有了自己的文武班底和軍隊。北平是朱棣的根基，拿北平與應天相比，朱棣覺得，應天只是皇權的象徵。再說，朱棣的皇位是搶來的，內心不是那麼踏實，將帝都遷到老家北平，不僅有安全感，也可以開展他的千古帝業。

反對遷都的南派，大多是從小就生長在南方的儒學之士。他們習慣了應天閒散的生活，愛好山清水秀的風景。北平不僅風沙大，連水源供給都不充分，叫人怎麼活？在這批儒士心裡，北平只適合當兵的人駐守。

儘管反對派的呼聲很高，意見很多，朱棣還是力排眾議，堅決遷都。

朱棣發話了，遷都北平是死命令，沒有商量的餘地。遇見這麼一位乾綱獨斷的鐵腕皇帝，南方的反對派不敢再堅持了，於是反問朱棣，如果遷都北方，糧食問題怎麼處理。

那時候的北方還沒開發，一大片接一大片的不毛之地，不適宜種植莊稼。如果全國的重心向北平移動，必定會牽連很多人，倘若糧食供給不足，必然發生叛亂。此外，如果不安排好相關配套措施，肯定有一部分人違背詔令，死拖活賴，不肯搬離應天。如此一來，明朝就可能出現兩個政治中心，朱棣遠在北平，恐怕難以控制應天。倘若前朝餘孽在應天發動叛亂，朱棣的皇位就危險了。

面對這個大難題，朱棣從三方向加以解決。首先，派遣軍隊開鑿從應天到北平的漕運，保持河道通暢。其次，大力修建北平城，無論如何一定要建得比應天氣派，比應天巍峨。再次，遷徙百姓、罪囚，讓他們去開墾北平周邊的土地。

最先修好的是水利工程，工部尙書宋禮在奏章裡寫道：「南極江口，北盡大通橋，運道三千餘里」。在中國歷史上，開鑿運河的朝代很多，就數明朝最成功，沒有引發大規模民變。

到了永樂十八年，西元一四二一年，北京城修建工程終於竣工。朱棣一聲令下，正式遷都。

爲了修建北京城，前前後後費了十五年，共徵調軍工、民工累計二百三十萬人。在這期間，整個大明的重心都向遷都北京這個浩大的工程傾斜。

現在的紫禁城，就是朱棣留給後世的傑作。不算護城河與城牆之間的綠化帶，紫禁城占地面積七十二萬多平方米，宮殿占地面積十六萬多平方米。紫禁城內的建築嚴格按照「井」字形布局，規劃得非常整齊。更令人意想不到的是，北京城不僅建造得金碧輝煌，體現皇家的氣派，甚至還建設了下水道系統。

坐在北京城，看著整個大明的版圖，朱棣開始了他夢想的千古帝業。

但是，遷都北京後，發生了無數令人心驚膽顫的天災，全國很多大城市都發生火災。永樂十九年四月，北京城甚至出現怪異天氣，雷鳴電閃，狂風暴雨，新修建的奉天、華蓋、謹身三座大殿遭到雷擊，陷入火海。內閣大臣楊榮指揮衛士冒火搶救，但只救出一些重要圖籍，三座大殿化爲廢墟。

古代人相信天人感應，這場災難事發突然，損失慘重，很多反對遷都的南方大臣就借題發揮，暗指一切都是遷都惹怒了老天爺。

聽了這幫腐儒的言論後，朱棣勃然大怒，將發言最激烈的蕭儀殺了。殺了蕭儀後，朱棣放話，誰再膽敢多話，下場就跟蕭儀一樣。

如果沒有朱棣的堅持，北平就不會成爲大明的國都。朱棣依據北平起家，北京城註定要見證朱棣的永樂盛世。

費正清在《劍橋中國史》裡認爲，朱棣遷都北京，是出於政治和軍事的原因，

「北京優於其他一切地方，它既可以充當對付北方入侵中國的堡壘，又可以作爲支持皇帝在北方執行擴張性政策的一切活動的中心」。

從當時的具體情況而論，北平擁有很大的發展潛力。首先，廣袤且平坦的肥沃土地，爲大批駐紮的軍隊和遷移到北平的百姓提供生活供給。其次，北平處在南方漢族和北方少數民族的交融地帶，地理位置非常敏感，控制住北平一帶，向內可以守衛大明疆土，向外可以進一步擴展。

誠如費正清所說，「遷都北京之舉在軍事和經濟組織方面產生了意義深遠的變化，這些變化與新的行政要求，以及邊境各地區的防務有關」。

作爲見證永樂盛世的帝都，北京靜靜地等待著，等待朱棣發展他的千古帝業。

第3章

十萬大軍全軍覆沒

十萬大軍全軍覆沒，慘敗的噩耗讓朝廷上下震驚，朱棣詫愕、暴怒、悲憤，感慨自己識人不明之餘，決定親自率軍出征。

自明朝開國以來，蒙古就屢屢擾亂大明王朝。如果明朝強盛，蒙古軍隊就乖乖地窩在長城以北放馬牧羊；如果明朝發生動亂，蒙古騎兵就蠢蠢欲動。朱棣遷都的一大原因，就是爲了防禦蒙古人南侵。

洪武年間，明朝軍事力量雄厚，多次出征蒙古，蒙古就此一蹶不振。此後，蒙古分裂爲三大部，分別是韃靼、瓦剌和兀良哈。韃靼在鄂嫩河、克魯倫河及貝加爾湖一帶活動，瓦剌的勢力範圍科布多河、額爾齊斯河及準噶爾盆地，兀良哈則位於遼河、西遼河、老哈河流域一帶。

蒙古地區資源緊缺，他們不敢侵犯大明，只能進行內部競爭，三大集團的關係並不和睦，經常發生混戰。

韃靼部屬於正統的蒙古本部後裔，首領鬼力赤是蒙古黃金家族傳人。黃金家族建立了橫跨歐亞大陸的蒙古帝國，蒙古族人都引以爲榮，渴望恢復祖上霸業，可鬼力赤不這麼認爲。

鬼力赤覺得人生短短幾十年，一晃眼就過了，既然明朝不打壓他們，大家就安安心心地生活在北方大漠，彼此和諧相處，不要瞎折騰。

可惜，韃靼內部只有鬼力赤一人愛好和平，他的副手太保阿魯台是好戰份子，一心想重建往昔的大元帝國，恢復成吉思汗的霸業。

永樂六年（一四〇八年），阿魯台發動兵變，殺害鬼力赤，擁立元朝宗室本雅失里為大汗。

本雅失里也是一位帝國情結很深的人，在阿魯台輔助下，將整個北方大漠鬧得天翻地覆，惡狠狠地打擊瓦剌和兀良哈。

蒙古內部出現分裂，明朝充分利用機會進行分化，一下幫助韃靼，一下提供兵器給瓦剌，一下又為兀良哈出主意，想徹底瓦解蒙古。三個集團打來打去，經過連番戰鬥，最終韃靼發展成了蒙古的第一大部落。

永樂七年（一四〇九年）四月，韃靼南下侵擾，又殺了明朝的使節郭驥祭旗。在永樂盛世，凡是敢動明朝使節的國家，一定沒有好果子吃。殺害明朝的使節，就是明目張膽向明朝皇帝的權威挑戰。朱棣聽到消息後大發雷霆，只丟給朝臣一句話：出征韃靼，打死這些王八蛋。

這是朱棣當上皇帝後第一次北征，必須小心謹慎。經過千挑萬選，朱棣任命大將丘福為征討韃靼的主帥。

在靖難之役的白溝河戰役中，丘福奮勇當先，直擊李景隆的軍隊，儘管沒有成功，朱棣還是很看好他。此次朝廷調撥了十萬大軍，朱棣認爲由丘福掛帥，要打趴韃靼應該很容易。

丘福的身份是淇國公，經歷了靖難之役數十次惡戰，自信滿滿認爲，由他出征蒙古，再立戰功是理所當然的事。

此時，參與靖難之役的老將死的死，傷的傷，已經沒幾個能上戰場了。朱棣大膽起用六十七歲的丘福，除了借重他的經驗與威望，另一個目的是想樹立榜樣，讓後生小輩效仿前輩，爲大明江山貢獻力量。

朱棣擔心丘福貪功躁進，出征之前特地召見他，交代到了蒙古務必謹慎行事，無論敵軍表現得多麼疲弱，都不能托大輕敵。

皇帝發話了，丘福連連點頭應諾，但是心裡並不這麼認爲。自詡爲身經百戰的老將，丘福非常自大，絲毫不把阿魯台放在眼裡。

韃靼軍隊全是騎兵，不僅速度快，衝擊力也很強。在朱棣的設想裡，要征戰韃靼，應該找一位善於對付騎兵的將軍。普天之下，只有他本人最適合。只可惜，他貴爲皇帝，有許許多多事情要處理，分身乏術。從當時的情況而論，丘福或許不是最佳人選，但也算不錯了。

永樂七年（一四〇九年）七月，征虜大將軍丘福領著十萬大軍，浩浩蕩蕩地向蒙古進發。

爲確保這場戰爭的勝算，朱棣派了四位大將輔助丘福，分別是兩位副將王聰和霍親、右參將軍李遠、左參將軍王忠。

這四個人都是靖難功臣，此時貴爲侯爵。朱棣認爲有這四個謹愼的將領輔佐，一定可以彌補丘福貪功躁進的缺點。大軍都出發了，朱棣還是不放心，又派特使前去叮囑丘福萬萬不可輕敵。

丘福表面上恭恭敬敬領命，實際上並不把蒙古人當成一回事。

懷著建功立勳的美好想望，丘福率領先鋒部隊一路高歌猛進，很快就深入蒙古腹地，直達臚朐河（克魯倫河）南岸。

在臚朐河，丘福首次遇到韃靼部隊。這支軍隊人數少得可憐，有一名韃靼官員來不及逃跑，被明軍抓住了。

這名俘虜相當配合，還沒用刑就一五一十洩漏韃靼軍隊的動向。他告訴丘福，韃靼主力就在前方三十里處，紀律散漫又毫無防備，如果明軍兼程前進，一定能把阿魯台殺個措手不及。

明朝的遠征大軍原本約定在臚朐河會師，然後再一同進擊，但丘福求功心切，不願等待後援部隊，領著先鋒騎兵急不可耐地火速前進。

一路上，丘福軍遇到零星的韃靼軍，但這些散兵游勇根本不堪一擊。有的時候，埋伏在路旁的韃靼軍見到明軍，連打都不打，轉身就跑。

敵軍如此沒有戰鬥力，一照面就嚇跑了，丘福越看越歡欣。但是，右參將李遠覺得事情不太對勁，不斷提醒丘福，追擊了幾十里，只見零零散散的敵軍，要防備阿魯台誘敵深入之計。

每遇到一波掉頭就跑的韃靼兵，李遠就向丘福進一次言。

只可惜，丘福被節節勝利的假象蒙蔽，看不清阿魯台的詭計，也聽不進諫言。最後，李遠只好直接站到丘福的戰馬前，拉住馬韁，阻止他前行。

李遠勸諫說：「將軍輕信敵軍間諜，孤軍深入，四處轉戰。敵人故意示弱引誘我軍深入，我軍前進必然不利，後退卻又擔心被敵人追擊。眼下只有構築營寨堡壘確保安全，白天揮旗擊鼓，派出奇兵向敵人挑戰；晚上多多點火鳴炮，虛張聲勢，使敵方無法預料。等後援部隊全部趕到，再合力進攻，必定能取得勝利，至少也可以保全軍隊安然返回。當初皇上和將軍怎麼說的，您怎麼忘了呢？」

副將王聰也持同樣意見，力勸不可孤軍深入。但是，丘福不顧眾人反對，厲聲道：「違命者斬！」

作爲參軍，李遠竟敢公然教訓主帥！丘福勃然大怒，威脅李遠，再多說有損大軍士氣的話，一定砍下他的頭來祭旗。

丘福執意領兵前進，諸將無法阻止，只好隨行。

李遠的見解是對的，丘福率領的先鋒部隊一步步陷入韃靼設下的死亡陷阱。等明朝先鋒部隊完全進入埋伏圈後，阿魯台一聲令下，黑壓壓的韃靼騎兵從四周的小山坡上直衝下來。明軍猝不及防，前鋒部隊被韃靼騎兵分割成幾塊，彼此不能相救，最後紛紛死在鐵蹄下。

後方的大軍得知先鋒部隊慘敗，主帥身亡，士氣蕩然無存，只得緊急向後撤退，韃靼騎兵趁勢追擊衝殺，明軍死傷殆盡。

永樂七年（一四〇九年）八月，前線傳來消息，十萬大軍全軍覆沒，主帥丘福及李遠、王忠、霍親、王聰……等將領全部力戰而死。

慘敗的噩耗讓朝廷上下震驚，朱棣詫愕、暴怒、悲憤，下令褫奪丘福的爵位，全家流放至海南。感慨自己識人不明之餘，朱棣不得不主動承擔戰敗的責任，同時決定親自率軍出征。

第4章

永樂大帝御駕親征

朱棣追到斡難河，終於追上韃靼軍，不容本雅失里分辯，隨即率領騎兵橫衝直擊。斡難河一戰，明軍不僅徹底擊敗本雅失里，還搶得無數珍寶。

擊敗明朝十萬大軍，斬殺輕敵躁進的丘福後，韃靼更加狂妄傲慢了，本雅失里和阿魯台連自己人都不認了，調遣大軍狠命攻擊瓦剌和兀良哈。

瓦剌和兀良哈遭受慘重打擊，這才醒悟過來，明白韃靼野心不小，滅頂之災就要降落到頭上了，頻頻向明朝求救。

第一次出征蒙古，十萬大軍全軍覆沒，朱棣早就想報仇雪恨，瓦剌和兀良哈求援，更讓他有了出兵的理由。可是，放眼大明軍營，誰能勝任？

名將張玉之子張輔是一位優秀將領，朱棣屬意由他掛帥。但是，此時張輔遠在南方邊境，剛剛平定的安南很不穩定，隨時都可能挑起事端，需要由他鎮守。

軍中無良將，朱棣只好親自出馬，擔任征討蒙古大元帥。

皇帝決定御駕親征，朝廷當然得全力動員，兵部尚書夏原吉調撥五十萬大軍，並且調派三萬輛運糧車，運糧二十萬石，每隔十里便建立堡壘存貯軍糧。朱棣親自挑選從征的將領，也指定若干內閣文臣隨行。

永樂八年（一四一〇年）二月，朱棣在北京舉行隆重的親征儀式，率領大軍出城。朱棣是常勝將軍，明軍深受鼓舞，個個鬥志昂揚，大軍浩浩蕩蕩向蒙古挺進。

大明將士都知道，天子掛帥親征，還出動五十萬大軍，要打爆韃靼輕而易舉，只要打了勝仗，升官發財人人有份。

此次出征，朱棣的心裡有點鬱悶。首先，他感到自己老了，而帝國大業還未實現。其次，大明的繼承人長子朱高熾的殘疾很令人頭疼。

想到解縉的建議，朱棣覺得應該趁早重點培養朱高熾的兒子——長孫朱瞻基。此時朱瞻基還是一個稚嫩的毛孩子，朱棣擔心再不給他機會鍛鍊，等自己兩腿一蹬，在次子朱高煦強力威脅下，他可能成爲第二個朱允炆。

不久，明朝大軍就進入蒙古地域，來到大伯顏山。朱棣這次親征，和二十年前奉命出征，走的是同一條路線。那時的朱棣還很年輕，那時的大伯顏山還很繁盛。現在，朱棣老了，大伯顏山也衰敗了。

寒風緊吹，遲暮的英雄再度踏上往昔的英雄地，眞令人感慨萬分。昔日的繁華遺跡，在年復一年、日復一日的風沙侵蝕下，如今已經模糊不清了。今日與昔日對比，差距實在太大了。

大軍走了幾個月，五月初一這天終於來到丘福軍全軍覆沒的地方——臚朐河岸。一大批一大批的明軍屍骸遍布河灘，有些陣亡將士的屍首還沒完全腐爛，空氣中瀰漫著一股令人作嘔的惡臭之氣。

朱棣下令將陣亡將士掩埋，立馬河岸，天地蒼蒼茫茫，看著一個個隆起的土丘，朱棣靜默良久，思緒千折百轉。他多次提醒丘福不可輕敵，丘福偏偏當作馬耳東風。十萬大軍敗亡，都是因爲輕敵鑄成大錯。

爲了紀念死去的將士，朱棣把臚朐河改名爲飲馬河。飲馬河，既表達飲水思源之意，也表達明軍將士在此飲馬渡河，報仇雪恨。

聽說朱棣率領五十萬大軍親征，本雅失里和阿魯台嚇得屁滾尿流。面對浩浩蕩蕩的明軍，韃靼非但不能團結一心共同抗敵，反倒大鬧矛盾，最終分裂。最搞笑的是，本雅失里和阿魯台鬧分裂，不是因爲爭奪權力，也不是抵抗方法出現分歧，而是彼此逃跑策略不同。

聽說朱棣親征，韃靼連抵抗都不敢抵抗，可見朱棣的威名不是吹出來的。

韃靼處在蒙古中部，西邊是瓦剌，東邊是兀良哈。打敗丘福大軍後，韃靼分兩頭攻擊，西打瓦剌，東打兀良哈，將東方和西方的蒙古兄弟都得罪了。朱棣親征，韃靼自知不能抵禦，分別向瓦剌和兀良哈求救。

但是，瓦剌和兀良哈理都不理。

首先，明軍出征前，朱棣警告過瓦剌和兀良哈，最好不要協助韃靼，否則後果自己掂量。其次，韃靼太猖狂了，連蒙古同胞都打，瓦剌和兀良哈當然不肯援助。

沒有盟軍奧援，僅靠自己又打不贏，只有逃跑一途。本雅失里說，逃向西邊投靠瓦剌比較好。阿魯台不同意，因爲韃靼剛和瓦剌打過仗，擔心瓦剌落井下石。他認爲，還是跑到東邊去最好。可是，東邊的兀良哈是明朝的附庸，本雅失里自視元朝後裔的身份，不肯屈就。

韃靼最終分裂爲兩部，跟隨阿魯台的人向東逃，跟隨本雅失里的人向西逃。蒙古幅員遼闊，風沙又多，再加上阿魯台和本雅失里跑得很快，除非他們傻到自投羅網，否則明軍很難找到他們的蹤影。

渡過飲馬河，明軍抓到不少韃靼逃兵。還沒審問，逃兵就主動供認，說本雅失里就在附近。朱棣派出幾批探子，確認韃靼逃兵的情報屬實之後，命令部將王友原地駐紮，他親自帶領精銳輕騎，火速追擊本雅失里。

朱棣領軍追擊，爲了加快速度，只帶了二十天口糧。

本雅失里跑著跑著，突然發現一支明軍騎兵遠遠地出現在他的後面。更令他膽顫心驚的是，明軍離他越來越近。本雅失里很快就明白，他之所以跑不快，是因爲攜帶的輜重太多了，儘管如此，仍捨不得丟棄。

朱棣率領的精銳騎兵速度飛快，追到斡難河，終於追上韃靼軍，不容本雅失里分辯，隨即率領騎兵橫衝直擊。本雅失里沒有指揮作戰的經驗，無法組織隊伍抵抗明軍的瘋狂掩殺，韃靼軍傷亡十分慘重。面臨生死抉擇，本雅失里終於拋棄輜重，逃之夭夭。

斡難河一戰，明軍不僅徹底擊敗本雅失里，還搶得無數珍寶。本雅失里是成吉思汗的後裔，所攜帶的物品自然珍貴無比。看著大批珍寶，再看看斡難河，朱棣感歎：斡難河，這裡不就是成吉思汗興起的地方嗎？

第 5 章

打到你投降為止

自從派出使臣商議投降一事後，朱棣就嚴密監視著韃靼軍營的一舉一動。見到敵軍大營後面有一小支軍隊移動，朱棣立即下令攻擊。

儘管很狼狽，本雅失里還是逃到了瓦剌。

看著風塵僕僕、狼狽萬分的本雅失里，瓦剌的首領馬哈木不禁失笑。本雅失里傻傻地看著馬哈木，半句話都不敢說。

想當初，阿魯台攻打瓦剌時，本雅失里連勸阻都沒有。無數瓦剌人死在韃靼刀下，瓦剌人很恨韃靼人，更恨本雅失里和阿魯台。

雖然指揮韃靼攻打瓦剌的是阿魯台，但本雅失里是韃靼的大汗，推脫不了這個責任。作爲一個亡國之君，還跑到敵國來，要是一不小心說了錯話，腦袋肯定立刻搬家。

見到本雅失里，馬哈木的內心深處進行著一場痛苦的鬥爭，他娘的，該如何處理這傢伙呢？收留他，肯定引火燒身，一定會被明軍暴打；要是將他交給明軍，族人一定會罵馬哈木出賣蒙古同胞。

面對同胞與前途的艱難抉擇，馬哈木選擇了後者。劊子手砍下本雅失里的人頭那一刻，馬哈木內心很糾結。看著使者帶著本雅失里的人頭離去的身影，馬哈木突然後悔了，眞不該殺害本雅失里。

他覺得，帶軍攻打瓦剌的是阿魯台，本雅失里只是一個傀儡。再怎麼說，本雅失里都是他的同胞。殺害同胞，拿他的頭顱去向敵人領賞，這多麼可恥！想到本雅失里那顆血淋淋的頭，馬哈裡內心深處，驀地生起一股兔死狐悲的悲涼情緒。

接到本雅失里的人頭，朱棣非常高興，下令重賞馬哈木。

使者回來，告訴馬哈木，說朱棣很讚賞他的行爲，誇獎他忠心。馬哈木聽後，什麼都沒說，有氣無力地做了個手勢，讓使者退下。

茫茫大漠裡，阿魯台孤軍奮戰，東躲西藏。與本雅失里相比，阿魯台有計謀又懂得打仗，逃亡途中故布疑兵，弄得到處都有韃靼軍隊的蹤跡。明軍不熟悉大漠，繞來繞去，被阿魯台繞暈了。

在荒涼的大漠轉了幾個月，糧食都吃光了，明軍還沒找到阿魯台。軍隊缺糧，朱棣不得不宣布班師回朝。

如果就這麼走了，這就只是一場勞師動眾的戰爭，朱棣就實現不了千古一帝的夢想了。事情就是那麼湊巧，在歸途中，明軍竟然在闊欒海子撞上阿魯台。爲了找尋阿魯台，明軍就差沒有上天入地，沒想到他居然自己冒出來，眞是踏破鐵鞋無覓處，得來全不費工夫。

朱棣本想驅軍掩殺，但是找阿魯台找了幾個月，糧食短缺之下，明軍很疲弱。阿魯台是一代名將，如果硬碰硬，明軍不能保證全勝，即使贏了，死傷必然很大。面臨這樣的難題，朱棣不得不採用和平手段解決問題。

聽說明軍招降，阿魯台萬分高興，急忙召集部將商議投降一事。但是，大多數韃靼將領認爲，韃靼是成吉思汗的後人，應該繼承他老人家的雄風，寧可戰死，絕不投降。

好不容易爭取到投降的機會，大多數人又不贊同，阿魯台急得直跺腳。韃靼遲遲不投降，朱棣開始懷疑阿魯台的誠意。事實上，並不是阿魯台不想投降，而是他的部下不讓他投降。爲顧全大局，爭取最後的勝利，有人建議阿魯台採用拖延戰術。

兩軍相持了幾天，韃靼軍見明軍越來越沒精神，偶爾還能見到一兩個面黃肌瘦的士兵，立刻猜到明軍缺糧。

確認明軍缺糧屬實後，阿魯台很高興，一再拖延投降之事。

阿魯台想得很簡單，如果明軍糧草供應充足，人數衆多是明軍的優勢；如今明軍缺乏糧草，人數越多，壞處越大。只要再拖幾個月，等明軍的糧食徹底吃光了，就是他阿魯台恢復大元帝國的機會。明軍沒飯吃，連武器都拿不動，怎麼打仗？

但是，朱棣不會中計，天天派出使者詢問投降一事。對方頻頻催促，阿魯台又懷疑自己的陰謀敗露了。於是，他召開會議，告訴衆將拖延戰術恐怕被明軍看穿了，再不投降，明軍一定會進攻。

一個將士對阿魯台說：咱們可以悄悄地玩金蟬脫殼啊。具體辦法是，立刻派人到明軍大營商量投降一事，以此蒙蔽明軍主將。暗地裡，韃靼軍一批一批悄悄地從後軍大營撤出。那幾天風沙很大，韃靼軍一小批一小批撤走，明軍肯定看不出有什麼異狀。

阿魯台舉雙手贊成，隨即領著一小支護衛隊，率先從後軍大營溜出。

哪知，還沒跑出營地，阿魯台就看到明軍大舉移動，如洶湧的浪潮向韃靼軍營掩殺過來。原來，自從派出使臣催促投降一事後，朱棣就嚴密監視著韃靼軍營的一舉一動。見到敵軍大營後面有一小支軍隊移動，朱棣立即下令攻擊。

戰爭瞬間爆發了，掌管中軍的將領柳升還不知道怎麼一回事。聽到明軍內部突然噪聲大起，柳升嚇了一大跳，急忙出營察看，發現騎兵已經攻向韃靼大營。

部將竟然擅自出戰，柳升大怒，準備命人鳴金收兵。

再仔細一看，這才發現朱棣的大旗已經衝入韃靼軍中。

皇帝都帶頭殺出去了，自己還站著觀看，這不是找死嗎？柳升急忙命人擊擂戰鼓，下令全軍出動，跟著騎兵向前衝殺。

儘管被五十萬大軍反覆衝擊，韃靼軍的抵禦陣形仍未潰散，可見阿魯台並非泛泛之輩。然而，雙方力量太過懸殊，韃靼軍最終還是被擊敗了。

阿魯台不僅善於打仗，在逃亡方面也有過人的本領，一溜煙就跑出幾十里。直到認爲明軍不可能追上來，阿魯台才放慢腳步，深深地舒一口氣。哪知胸中的那一口怨氣還沒舒緩過來，明軍就追上來了。

阿魯台只好揚鞭策馬，繼續死命奔逃。可是，無論他跑到哪裡，無論他的速度多快，明軍都緊追不放。跑到後來，阿魯台跑累了，不跑了。

永樂八年（一四一〇年），阿魯台正式向大明朝廷上表歸附。朱棣龍心大悅，給予阿魯台優厚的賞賜，並封他爲「和寧王」。

第6章

明軍一步步走進埋伏圈

明軍陸續進入瓦剌預先設定的埋伏圈，看著朱棣的大旗一步一步移向平地的正中央，馬哈木的心跳得很激烈，殲滅明軍的夢想就要實現了。

朱棣掛帥北伐，徹底擊垮了韃靼勢力，蒙古地區的其他大小勢力則趁機拓展勢力範圍，為了搶奪地盤而彼此征戰不休。經過多次火併，瓦剌的領地大幅擴充，躍為蒙古第一大勢力。

瓦剌的首領馬哈木也是一個野心勃勃的帝國狂，勢力強大後，開始鬧事了。先前瓦剌之所以臣服於明朝，只是想借明朝的勢力保護自己。當上蒙古一哥後，馬哈木認為瓦剌不再需要明朝庇護了。懷著統一蒙古，甚至是佔領亞洲，進而稱霸世界的大頭病，馬哈木帶領瓦剌軍隊多次橫掃蒙古全境。

這下換韃靼倒大楣了，阿魯台缺兵少將，被打得四處竄逃，連領地都被馬哈木強佔。打不過瓦剌，阿魯台多次向明朝乞求庇護，明朝卻坐視不管。

明朝的態度讓馬哈木認為朱棣不敢管，行事越來越囂張，不斷出征，幾乎把整個蒙古都佔領了，只剩阿魯台還有點抵抗能力。阿魯台一直孤軍奮戰，但打到後來，精疲力盡了，乾脆跑到長城邊上避難。

馬哈木能夠迅速掃蕩蒙古全境，有三個主要原因：

第一，瓦剌的勢力範圍在蒙古西部，沒有遭過明朝軍隊正面打擊。而且，每次明軍出征，瓦剌都從旁協助，撿了不少便宜。

第二，馬哈木擁立元朝黃金家族的後人答里巴爲大汗，打的旗號是恢復大元帝國。元朝時期，蒙古族人享受優渥待遇，都很懷念昔日帝國榮景。聽說馬哈木要恢復元帝國，絕大多數的蒙古人都瘋狂按讚。

第三，馬哈木培養了一支非常精銳的騎兵，作戰能力超越其他蒙古騎兵。

贏得大多數蒙古族人擁護後，馬哈木公然向明朝挑戰，要求遣返先前歸服的甘肅、寧夏的瓦剌族民，並於永樂十二年（一四一四年）二月出兵侵佔和林地區。

馬哈木的想法很簡單，認爲蒙古人之所以打不過明軍，是因爲他們被明朝使詭計分化，分裂後實力變弱，自然打不贏。現在他已經整合了所有蒙古族的力量，絕對可以與明軍一決勝負。

至於對付朱棣的辦法，馬哈木也想好了，那就是誘敵深入。丘福的十萬大軍，不就敗在阿魯台誘敵深入的詭計嗎？

馬哈木評估，只要計謀規劃得當，在執行過程中注意細節，朱棣再怎麼精明，也同樣會上當。一旦成功殲滅前來征討的朱棣大軍，明朝就一蹶不振，天下就是他馬哈木的了。

永樂十二年（一四一四年）三月，朱棣率領五十萬大軍步出北京城，浩浩蕩蕩親征瓦剌。此次出征，最特別的是帶上皇太孫朱瞻基，用意很明顯，他要讓這個未來的皇位繼承人多多歷練。

既然瓦剌的主力是騎兵，朱棣此次出征更加倚重整編後的朵顏三衛。朵顏三衛參加過無數次激烈戰鬥，經驗豐富，戰鬥力很強。

進入蒙古境內後，明軍遇上幾波小規模抵抗。敵方勢力不大，朱棣根本沒放在心上。可是，越來越接近瓦剌腹地，明軍仍未遇上大規模抵擋，朱棣開始懷疑對方施展誘敵之計了。

事情太蹊蹺了，明軍立即抓來幾個俘虜問問情況。瓦剌俘虜很配合，問什麼答什麼。聽到馬哈木就在前方百里的忽蘭忽失溫（今蒙古圖拉河），明軍非常高興。諸將摩拳擦掌，躍躍欲動，朱棣卻讓他們冷靜下來，不可輕舉妄動。

朱棣不像丘福那麼輕信躁進，相反的，他是個腦力發達又多疑的人，想坑騙他沒那麼簡單。瓦剌俘虜將馬哈木的藏身地點說得清清楚楚，還強調馬哈木沒有作戰準備，朱棣根本不相信。

但這次出征朱棣帶上皇太孫朱瞻基，希望他以自己爲榜樣。爲了勝利，也爲了讓朱瞻基見習、歷練，儘管前方可能有重兵埋伏，朱棣仍命令明軍拔營前進。

朱棣盤算，即使馬哈木暗藏伏兵，只要明軍速度夠快，遭遇伏擊時，傷亡也不會太慘重。如果運氣好，明軍的行軍速度超出馬哈木的估計，還能殺個措手不及。

更何況，這次出戰，朱棣特地調動一支特殊部隊。

果然不出朱棣所料，在明軍前進的道路上，遇上的瓦剌軍很少。那些瓦剌軍東一撥、西一撥，簡直是一些烏合之衆。過了幾天，明軍終於遇上一批比較像樣的正規軍。但是，這支軍隊大部分是老弱病殘，簡直是專門來挨揍的。

先鋒大將軍劉江引軍出戰，幾個回合就將瓦剌將領殺翻在地。看到這種情況，朱棣表面很高興，內心卻很擔心，一眼看出瓦剌軍想要誘敵深入。

朱棣的估算是對的，就在明軍的前方，一個四周是小山丘、中間是平地的地方，埋伏著馬哈木的軍隊。

爲了對付朱棣大軍，馬哈木動員了全瓦剌的軍隊，光是精銳的騎兵就有三萬餘人。這三萬騎兵，由瓦剌大將太平和博羅率領，他們正靜靜地等著，只要明軍進入預先設計的埋伏圈，他們就會從小山丘衝下來，活生生地將明軍割成幾塊，然後一小塊、一小塊地殲滅。先前丘福的十萬大軍，就是這樣被殲滅的。

騎兵有兩個優勢，一是速度，二是衝擊力。如果是在平原作戰，騎兵會輕裝上陣，充分發揮速度的優勢；如果是在小山丘作戰，騎兵就要加重自己的裝備，發揮衝擊力的優勢。馬哈木命騎兵埋伏在小山丘上，就是想藉地勢的落差，增強騎兵攻向明軍時的衝擊力。

明軍終於陸續進入瓦剌預先設定的埋伏圈。躲在小山丘上，看著朱棣的大旗一步一步移向平地的正中央，馬哈木的心跳得很激烈，殲滅明軍的夢想就要實現了。

第 7 章

神機營大發神威

神機營揭開遮掩之物，炮彈和子彈所到之處，瓦剌軍馬和騎兵應聲而倒。這一場廝殺，場面十分壯烈，瓦剌軍的傷亡非常慘重。

瓦剌軍靜靜地等著，仔細地盯著明軍的一舉一動，將明軍攜帶的、就要被他們搶奪的東西數得清清楚楚。突然間，有人指著明軍的一支隊伍，問馬哈木那到底是什麼部隊。

順著那人所指的方向看去，只見一支既不是騎兵，也不是步兵的特殊部隊慢慢向前推進。

馬哈木小聲告訴那人，說那不是一支軍隊，而是一隊死屍。說完後，馬哈木笑了，其他瓦剌軍也跟著笑了。他們明白馬哈木的意思，走進埋伏圈的明軍，馬上就要變爲死屍了。

明朝的軍隊編制以五軍營、三千營和神機營這三大營爲基礎，這也是明軍作戰的主要力量。這次出征，朱棣想爲朱瞻基樹立榜樣，將這三大營的主力都調動了。瓦剌軍看見的特殊兵種，就是大名鼎鼎的「神機營」。

五軍營是騎兵和步兵的混合體，步兵占大多數，按左、中、右編制，分中軍、左軍、右軍、左掖軍和右掖軍，主要負責與敵人開戰肉搏戰，最後出場。三千營由騎兵組成，出場順序排在倒數第二。也就是說，三千營出動後，接著上場的就是五軍營。三千營建立之初只有三千人，但戰鬥力非常強，隨著明朝軍事力量不斷發展，三千營的人數也大幅增加。

至於神機營，則是一支特殊部隊，因爲他們的裝備不是冷兵器，而是熱兵器。在靖難之役，朱棣最自負的、戰鬥力最強的騎兵被盛庸的火炮和火銃打得落花流水後，他記取失敗的教訓，借鑑盛庸的經驗，著手建立一支以火炮和火銃爲主要攻擊利器的部隊。

經過不斷發展、演練，這支特殊部隊終於投入戰鬥。

在明朝，火炮和火銃既可以遠距離作戰，殺傷力又大，因而被稱爲神機。朱棣建立的這支特殊部隊，就稱爲神機營。

瓦剌軍見過火炮和火銃，就是沒見過整支都以火炮和火銃爲主要裝備的軍隊。再者，此次調動神機營出戰，朱棣爲了對瓦剌造成意想不到的打擊，故意在神機營外觀上做了一番僞裝，以致於瓦剌軍一時之間認不出這支特殊部隊。

明軍全部陷入預定的埋伏圈後，馬哈木立刻站起來，立在最高的山丘頂上，指揮隱藏在四周的騎兵。軍旗剛剛揮動，山丘上的瓦剌騎兵紛紛向明軍狂奔而來，速度快如流星，氣勢猛如餓虎撲食。

鐵蹄踏地聲，夾雜著喊殺聲，瓦剌軍這一衝擊，四周山丘都震搖了。

敵軍撲天蓋地攻來，朱棣不慌不忙，輕輕揮動軍旗，指揮前軍向左右兩翼分開。馬哈木本想將明軍分裂成幾塊，然後一塊一塊殲滅，哪知瓦剌騎兵還未衝殺，明軍就自動分開了，讓他很興奮。

興奮之餘，馬哈木手中的軍旗揮舞得更快了，沿著傾斜的山丘直衝而下的瓦剌騎兵速度越來越快。

明軍前軍向兩翼分散後，直接面對瓦剌騎兵的，就是那支特殊部隊神機營。眼看瓦剌騎兵就要衝到了，神機營揭開遮掩之物，顯出令人聞風喪膽的火炮和火銃。

站在丘頂上的馬哈木看到後，嚇得差點尿褲子，連忙下令撤退。可是，瓦剌騎兵的速度太快了，根本煞不住腳。

神機營早已槍炮上膛，朱棣一聲令下，無數燃著烈火的炮彈，無數熱辣辣的子彈，紛紛射向瓦剌騎兵。炮彈和子彈所到之處，瓦剌軍馬和騎兵應聲而倒。

這一場廝殺，場面十分壯烈，瓦剌軍的傷亡極爲慘重，站在山丘上的馬哈木只能乾瞪眼，空流淚。

那個時候，利用火炮和火銃作戰的技術還不發達。以火銃爲例，每放一槍，就要裝一回子彈。按理說，遭受第一波攻擊後，瓦剌軍可以利用神機營裝塡子彈的間隙進行衝殺。但是，他們根本無機可乘，因爲朱棣在進攻安排上做了一番改進。

觀看神機營演習的時候，朱棣就發現裝塡子彈會爲敵軍留下進攻的間隙。經過一番苦思冥想，他終於找到解決的辦法，那就是將持槍隊伍分成幾排，一排一排按順序開槍。第一排開槍的時候，其他排不能動；第一排開完槍，第二排接著開。在第二排開槍的時候，第一排就裝塡子彈。

如此一來，還沒等其他排開完槍，第一排已經裝好子彈待命。整體而言，神機營是一支能夠持續不斷射擊的隊伍。

炮彈紛飛，奔騰的瓦剌戰馬紛紛倒在神機營的槍炮下。

神機營的殺傷力很強，可是製造槍彈的花費很大，不可能每次打仗都出動神機營。即使只是一次戰鬥，也不能全部動用，第一個原因是不合算，第二個原因是敵軍已經大敗了，需要其他士兵清理戰場。

作爲軍事專家，朱棣制定了一套非常完整的作戰方略。先令神機營開槍放炮，將敵軍打得毫無還擊之力後，再派三千營的騎兵出戰；等騎兵掃蕩一陣後，就用五軍營的步兵進行地毯式攻擊。

神機營將大部分瓦剌騎兵打傷在地後，有條不紊地向兩翼散開，三千營的騎兵直衝出去，將瓦剌軍分割成一小塊一小塊，逐個殲滅。三千營分左、中、右三路出擊，左路軍由李彬和譚青二人擔任主帥，右路軍的主帥由王通擔任。至於率領中路主力的，自然就是朱棣了。

朱棣親自率領中路騎兵殺入敵軍，朱瞻基也跟著殺了出去。朱瞻基聰明乖巧，知道皇帝爺爺喜歡英勇作戰的人。

朱棣有三個兒子，老大朱高熾身體肥胖、行動不便，不能隨軍出征，相較之下，朱棣比較喜歡更像他的、立下許多戰功的朱高煦。

朱瞻基很早就覺察這點，爲了穩固朱高熾的繼承地位，朱瞻基必須代替他的父親建立軍功，贏得朱棣的喜愛。

騎兵掃蕩之後，人數最多的五軍營出戰了。瓦剌軍抵擋不了明軍的大舉掩殺，馬哈木領著殘餘部隊落荒而逃。

見馬哈木落跑，朱棣指揮大軍死命追擊，一直追到圖拉河邊。馬哈木很幸運，殺出重圍逃走了，他的兩個難兄難弟太平和博羅沒他好命，被明軍圍住，活活被砍成肉醬。

《明史》記載，此次出征，明軍大勝，殺了好幾十個瓦剌王子。但是，這場勝利也很危險。如果不是瓦剌軍傷亡太重，慌了手腳，明朝皇位的繼承人朱瞻基可能就光榮陣亡了。

朱瞻基隨朱棣出征，爲了保護皇位繼承人，朱棣命令大將李謙照護朱瞻基。可是，朱瞻基看朱棣殺人看得熱血沸騰，也跟著衝殺出去。瓦剌軍敗逃時，他更奮勇追上去。爲了保護朱瞻基，李謙連忙策馬跟上。

朱瞻基追得太興奮，沒注意到跟上自己的騎兵越來越少。瓦剌逃兵見追兵很少，立即調轉馬頭，將朱瞻基和李謙圍在核心。

戰鬥剛剛停歇下來，朱棣就發現一個嚴重的問題：朱瞻基不見了！

皇位繼承人不見了，這可不是小事，明軍立刻大舉出動。圍住朱瞻基的瓦剌軍見大批明軍直衝而來，立即放過朱瞻基和李謙，掉頭逃了。

朱瞻基撿回了一條命，李謙可就沒他那麼幸運。聽說大軍是朱棣派來救援朱瞻基的，李謙十分害怕，不等朱棣責罰，一刀就結束了自己的生命。

看了李謙的死法，不難得知朱棣的暴烈多麼令人畏懼。

經過這次大戰，瓦剌元氣大傷，不久便派使者入朝謝罪，送上戰馬，歸還扣押的使臣，北方的局勢趨於穩定。

朱棣班師回到北京，照例論功行賞，大肆慶賀一番。按照原定行程，慶功之後就應該返回南京，然而征途勞累卻讓他病倒了，而且病情不輕，直到永樂十四年九月才離開北京。

激情燃燒的永樂歲月

鄭和下西洋之前，就曾經奉命出使暹羅、日本，深獲朱棣賞識。翌年朱棣對他委以重任，派他出使海外各地，揭開了七下西洋的序幕。

第 1 章

編纂永樂大典

難怪朱棣敢在序言中大發豪語，只有文治武功兼具的盛世，才能編製這樣亙古的大典。更難能可貴的是，《永樂大典》兼容並蓄地保存了各類書籍的原始內容。

朱棣是一位英明神武的皇帝，連中國歷史上在位最久的皇帝康熙都給予高度評價，認爲他功勳卓著。儘管有人批評朱棣好大喜功、窮兵黷武，但不可否認的，他在位期間，文治武功方面都卓有成就。正因爲如此，不少歷史學者認爲，他才是大明王朝眞正的奠基者。

在文化建樹方面，《永樂大典》的編撰就是最傑出代表。《永樂大典》是一部大型類書，凡是被收錄的著作，幾乎都保持原貌，沒有遭到刪改。

提到《永樂大典》，就不能不說說它的主要編撰者——明初的大才子解縉。卷帙浩繁的《永樂大典》能夠成書，數解縉的功勞最大。

解縉是江西吉安府（今江西吉安市）人，生於洪武二年（一三六九年）。這老兄頗有讀書、寫詩的才華，從小就被譽爲天才。曾擔任明孝宗、明武宗兩代帝師的吳寬誇讚說：「永樂時，人多能書，當以學士解公爲首，下筆圓滑純熟。」

解縉還未走出家門，才氣已經馳譽大江南北。洪武二十一年（一三八八年），解縉一舉考中進士，據說考試期間，天空出現一顆大星星，深信陰陽術數的朱元璋認爲，這是國家昌盛的好兆頭，將會有大賢才輔助他。

經過朱元璋大力提拔，解縉平步青雲。老朱曾當著朝廷官員的面，多次對解縉說：「與爾義則君臣，恩猶父子，當知無不言。」這話的意思是，在名分上，我老朱與你解縉是君臣；在情分上，我們猶如父子。如果我老朱有什麼錯漏，你解縉應該如實指出。

洪武年間，朱元璋誅殺無數功臣，政治環境十分險惡恐怖，沒人敢勸止，解縉頗有勇氣，多次上書大膽進言。

但是，時常遭到批評、糾正，就算是正常人也會惱羞成怒，更何況老朱是個不正常的人。洪武二十四年（一三九一年），朱元璋告訴解縉：「大凡高才，都是大器晚成。你這傢伙鋒芒過露，應該先回去地方鍛鍊十年。十年之後，再來京師。」

伴君如伴虎，勸諫君王是一門高深的藝術，解縉被貶黜的原因很簡單，老朱再也受不了他成天聒聒噪噪，而且專說刺耳的眞話。

誰知道，老朱爽約了，解縉苦苦等了七年，朱元璋還來不及履行十年之約就翹辮子了。

回老家窩了七年，在寂寥賦閒的落寞中，解縉知道圓滑權變了。抓住朱允炆剛剛登基的大好時機，解縉接連上書，並且四處拉關係，終於回到京城，在翰林院任職。但是，屁股還沒坐熱，靖難之役發生了。

解縉聰明過人，判斷朱允炆必敗無疑，京城還沒被攻破，他就匆匆忙忙收拾軟細，連夜出逃，投靠朱棣去了。

朱棣即位後，解縉升任翰林侍讀。隨後，朱棣設立文淵閣，解縉入值內閣，參與機要政務，成爲明朝第一位內閣首輔，同時奉命編修《明太祖實錄》與《列女傳》等書。

朱棣滅了方孝孺十族後，爲了證明天下讀書種子沒有死絕，便想網羅才學兼具的人才編撰一部百科全書。

永樂元年（一四〇三年）七月，朱棣趁著到太廟祭祀祖先，對解縉表達了編修古今文獻大成的想法。當時，「追治奸黨」的獵殺行動漸趨和緩，朱棣想透過修書來鼓吹文治，緩和肅殺的政治氣氛。

想要編書，就需要知識分子，編撰的規模越大，需要的知識分子就越多。爲了廣招天下有才之士，朱棣下令編一部「包括宇宙之廣大，統會古今之異同」的方便檢索的百科全書。通過編書一事，既可以宣揚文治，又可以將大批知識分子籠絡到身邊。

於是，修書館成立了，解縉負責推動這項龐大的文化工程。次年十一月，這部百科全書編成，朱棣命名為《文獻大成》。但是，朱棣並不滿意，認為收錄書籍仍有遺漏，太過側重儒家典籍，又命姚廣孝、劉季篪、王景、王達等人加入，與解縉一同擔任總裁，重新編輯《文獻大成》。

這次編書規模更加龐大，朱棣指定了鄒輯、梁潛……等二十人擔任副總裁，徵調各地宿老、飽學之士為編修，由國子監及郡縣生員負責繕寫，總共動員了九千多人。此外，朱棣還命令各地官員蒐集各種書目，供修書館參酌。

永樂五年（一四〇七年）十一月，《永樂大典》終於編修完成。這是中國歷史上規模最龐大的一部類書，也是迄今為止世界上公認的大型百科全書，令無數學者歎為觀止。

《永樂大典》收錄的古籍達七八千種，上至先秦，下到明初，凡是成文的著作都收集。全書包括經、史、子、集、釋、莊、道、戲劇、平話、工技、農藝、醫卜、文學……等等內容，稱得上是一部巨型百科全書，完全滿足朱棣好大喜功的心理。

據統計，《永樂大典》全書二二九三七卷，僅是目錄就有六十卷，裝成一一〇九五冊，約三．七億字。如此大規模地修書，可說前無古人。

這也難怪朱棣敢在序言中大發豪語：「尚惟有大混一之時，必有一統之制作，所以齊政治而同風俗。序百王之傳，總歷代之典。」

確實，只有文治武功兼具的盛世，才能編製這樣亙古的大典。更難能可貴的是，相較於乾隆皇帝編修《四庫全書》，對書籍任意刪修與竄改，《永樂大典》兼容並蓄地保存了各類書籍的原始內容。

只不過，《永樂大典》修成之後既未刻印，也未複製，直接收到文淵閣典藏。因為，朱棣收攬文人的目的已經達成，此時他的心思已轉移到北方的蒙古，忙著征伐大漠去了。朱棣想「多修馬上之業」，《永樂大典》對他而言，只是誇耀盛世的裝飾品。事實也是如此，根據記載，明朝年間僅有明孝宗和明世宗兩個皇帝翻閱過《永樂大典》。

直到一百多年後，文淵閣附近的三座宮殿失火，明世宗嘉靖皇帝擔心這部曠世鉅典毀損，才令人再謄寫一部複本。據史書記載，當時動用了一百八十人抄寫，抄了五年才完成。

只不過，《永樂大典》的正本到了明末便不知下落，副本於康熙年間被發現，但已殘缺不全。經過幾百年歷史動亂，如今《永樂大典》僅存七百三十卷影本。

《永樂大典》修好後，朱棣不只一次向人誇耀，有解縉這樣的功臣，眞是上天的垂憐。但是，隨著皇位繼承人的鬥爭越演越烈，朱棣對他的態度也日趨冷淡。

衆所周知，朱棣的三個兒子當中，二兒子朱高煦在靖難之役立下輝煌戰功，一門心思想奪取太子的位子。小兒子朱高燧也以英武聞名，頗得朱棣寵愛，同樣覬覦著皇位繼承權。

個性溫良的朱高熾雖然是長子，受到朝中文官擁戴，但在這場儲位之爭，並未佔有絕對優勢。

國內局勢剛剛穩定，朱高熾和朱高煦的太子之爭便浮出檯面，朝廷內部也開始了爭奪繼承權的大戰。解縉深受長幼觀念影響，全力支持朱高熾。

永樂元年正月，群臣上表請立皇太子，朱棣不允。到了三月，文武百官又上表請立皇太子，朱棣回了「姑緩之」三個字。

事實上，對於要立誰爲太子，朱棣也左右爲難，舉棋不定。

據說，某天朱棣命群臣爲《虎彪圖》題詩。見圖中畫的是一隻大老虎與幾隻小老虎相互親暱，解縉便提筆寫道：「虎為百獸尊，誰敢觸其怒？惟有父子情，一步一回顧。」

朱棣讀了頗有感觸，隨後將留守北平的朱高熾召入京師。《明史》說：「上感其意，立召太子歸，至是遂立之。」

朱高熾入京，立儲鬥爭頓時白熱化，兵部尚書金忠率先勸朱棣立長子朱高熾爲太子，並詳細列舉歷朝歷代的立嫡故事加以勸說。

金忠是靖難功臣，朱棣聽了這番話有些動搖。

爲了確定接班人，朱棣曾找解縉談話。朱棣問誰更適合繼承他的皇位，解縉回答朱高熾，「皇太子仁孝，天下歸心」。

但是，朱高熾身體肥胖又不良於行，很可能命不長久。見朱棣沉吟不語，解縉又說：「好聖孫。」意思是，就算朱高熾無福消受，也應該立長孫朱瞻基爲太子，無論如何，絕不能立次子。

這個思路很奇怪，簡直是朱元璋立朱允炆爲皇太孫的翻版，更奇怪的是，朱棣竟也認同。一句「好聖孫」居然打動了朱棣，讓他點頭答應，於永樂二年四月，正式立朱高熾爲太子，朱高煦封爲漢王，朱高燧爲趙王。由此可見，朱棣喜愛長孫朱瞻基的程度，遠遠超過朱高煦、朱高燧。

朱高煦得知這件事，從此對解縉恨之入骨。

爲了搶奪繼承權，鬥垮解縉，朱高煦一黨不斷進讒言中傷解縉，說他介入皇族內爭，引起朱棣不悅。更令朱棣惱火的是，解縉還公然反對出兵安南（今越南）。朱棣的個性好大喜功，夢想是成爲開疆拓土的千古一帝，解縉竟然不識趣地諫阻。朱棣一怒之下，把他貶到廣西。

這次被貶，解縉苦苦等了四年，直到永樂九年（一四一一年），朱棣領軍出征蒙古，才起用解縉到化州督餉。

解縉終於有了進京彙報工作的機會，不巧的是，朱棣出征未歸。既然到了京城就不能空手而歸，他便大著膽子，私下去見了太子朱高熾一面。

朱高煦一黨立刻抓住這個把柄，再次中傷解縉，說他「伺上出，私現太子，徑歸，無人臣禮」。

朱棣震怒！這次，解縉不是被貶，而是直接被打入大牢，一關又是四年。人生有很多苦日子，解縉的苦日子，全部加起來，一共有十五年。

這四年裡，朱棣日理萬機，連曾經有解縉這麼一個人都忘了。

永樂十三年（一四一五年）正月，錦衣衛頭目紀綱向朱棣彙報囚犯名單。看到解縉的名字，朱棣的第一反應是，「縉猶在耶？」

誰也沒弄清楚朱棣問這話什麼意思，但這一問，促使一件慘案發生。紀綱回到大牢，把解縉灌醉，然後丟進雪裡活活埋死。解縉死時年僅四十七歲，家產被抄沒，妻子宗族流放到遼東戍邊。

第2章

施展靈活的外交手腕

永樂年間，在大明首都的大街上，隨處都可以見到外國使臣。滿剌加、文萊、蘇祿等國家的國王，更親自率領使團，前往中國拜見朱棣。

朱棣在位時期之所以被後世推崇爲永樂盛世，是因爲他在政治、經濟、文化和外交方面都有著傑出的貢獻。其中，最令朱棣感到自豪的是，他實現了「萬國來朝」的美夢。

作爲一位軍人，朱棣堅毅果敢。大明周邊的國家，無論是大是小，是強是弱，只要敢向明朝挑戰，朱棣絕對出兵應戰。

他不是百戰百勝的將軍，可是每一次出兵，無論條件多麼惡劣，都一定會堅持到最後。縱使失敗，他也會積蓄力量，奮發圖強，爭取下一次的勝利。靖難之役，朱棣屢敗屢戰，就是最好的體現。

《明史》說：「文皇少長習兵，據幽燕形勝之地，乘建文孱弱，長驅內向，奄有四海。」又說：「即位以後，躬行節儉，水旱朝告夕振，無有壅蔽。」

由此可見，永樂盛世的出現，全是朱棣個人意志的展現。

除此之外，爲了宣揚大明國威，使周邊其他國家誠心歸附，他更派鄭和七下西洋。鄭和幾次南下，不僅勞師動衆，更耗費國家大量錢財，全賴朱棣一人支持，硬是壓下官員們的非議。

鄭和所到之處，無論是大國小國，都以大明朝的名譽贈送大量珍寶。作爲交換，那些國家紛紛承認朱棣的統治權。

可以這麼說，自從登上皇位，朱棣就一直在證明自己的合法性；贏得最大多數人的支持，是他的主要目的。

修撰《永樂大典》是爲了證明他的合法性，遷都北京也是爲了證明他的合法性，發展外交、擴展國家版圖，更是爲了證明他的合法性。

朱元璋在位期間，對外政策十分封閉，除了全面防備北方的蒙古部族外，奉行的基調是：彼此互不侵犯，最好互不往來。

他在《皇明祖訓》裡明確指出：「海外蠻夷之國，有為患於中國者，不可不討；不為中國患者，不可輒自興兵。古人有言，地廣非久安之計，民勞乃易亂之源。如隋煬帝妄興師旅，征討琉球，殺害夷人，焚其宮室，俘虜男女數千人。朕以海外諸番夷小國，阻山越海，僻在一隅，彼不為中國患者，朕絕不伐之。惟西北胡戎，世為中國患，不可不謹備之耳。」

朱元璋的意思是，海外那些蠻夷小國，即使得到他們的土地，也不足以供給，得到他們人民，也無法役使，所以只要他們不來侵犯，我們便不主動侵犯他人。勞民傷財最終會導致動亂，千萬不要像隋煬帝征討琉球一樣，自恃國力強盛就貪圖戰功，窮兵黷武。

朱元璋還將十五個國家列爲不征之國，除了朝鮮、日本、大琉球國、小琉球國之外，還包括安南（越南北部）、眞臘（柬埔寨）、暹羅（泰國）、占城國（越南南部）、蘇門答臘……等國。

到了洪武末期，他更下令停廢市舶司，不再接受海外國家派使者前來朝貢。朱允炆繼位後，奉行朱元璋的遺訓，和周邊國家、海外各國鮮少往來，彼此相安無事。

朱棣當上皇帝後，改變了鎖國政策，立即遣派使臣到鄰近國家與海外各國，宣布大明帝國改朝換代，讓各國前來朝貢。

永樂元年（一四〇三年），朝鮮、琉球、日本、暹羅各國使節陸續來到中國朝貢，建立了宗藩關係。

爲了接待更多外國使臣，朱棣在浙江、福建、廣東設立了三個市舶司，還在京師建了會同館。

外國使節到達後，由市舶司官員迎接、招待。爲了和外國使節溝通，朱棣又下令建立翻譯機構四夷館，專門培養翻譯人才。

鄭和七下西洋，率領的船隊繞過東南亞，一直航行到非洲。在這期間，東南亞和非洲國家的使臣，一共有三百多人次來華朝拜，平均每年有十次左右。這些國家派遣的使臣不是三個兩個，而是一大群，而且前來的使臣一次比一次多。永樂年間，在大明首都的大街上，隨處都可以見到外國使臣。

那個時候，琉球群島上有三個小國家，分別是中山、山南和山北。爲拉攏明朝，中山國派出大批使臣風風光光地來朝拜。山南國和山北國聽說後，不甘落後，派出更多的使臣，朝拜的規模比中山國還大。這些小國家互相競爭，試圖以此得到政治、經濟和軍事上的援助。

更令後世皇帝望塵莫及的是，在朱棣慷慨關照下，滿剌加（馬六甲）、文萊、蘇祿等國家的國王，更親自率領使團，前往中國拜見朱棣。大明太有吸引力了，好多使臣來了就不想走，甚至趕都趕不走。據統計，外國使臣來華，平均居留時間是兩三個月。

更特別的是，泥王和蘇祿王，來到大明就沒回去。

他們在中國居住了很長的時間，最後在中國病故。他們留下的唯一遺囑是：希望安葬在中國。朱棣也不介意為他們舉辦隆重的葬禮，將泥王葬在南京，葬蘇祿王於德州。作為國君，泥王和蘇祿王竟然渴望被安葬在中國，可見中國對他們的吸引力之大。

第 3 章

三寶太監開啟大航海時代

鄭和下西洋之前，就曾經奉命出使暹羅、日本，深獲朱棣賞識。翌年朱棣對他委以重任，派他出使海外各地，揭開了七下西洋的序幕。

永樂三年（一四〇五年）六月十五日，素有「天下第一港」之稱的江蘇太倉劉家港碼頭人聲鼎沸。港口停泊了兩百多艘巨艦，四面桅檣如林，船上、岸邊萬頭攢動，鑼鼓震天。

在一艘昂首翹尾、漆成棕黑色的寶船上，一位氣宇軒昂的壯年男子靜靜地凝視著眼前的那一片大海，即將展開史無前例的遠洋航行。

這個男子正是人稱三寶太監的鄭和，就在這一天，他率領著世界上第一支由兩百餘艘艦船和兩萬七千八百多名官兵組成的龐大船隊，準備航向未知的海洋。這支船隊將泛海南下到福建的長樂，等到冬天東北季風吹起，雲帆交掛之時，他們就要起航。

在世人的印象中，明朝那些叫得出名號的太監都以禍國殃民爲能事，幾乎沒有正面聲譽。鄭和跟那些不入流的閹臣大不相同，他是個名垂青史的世界級人物。

他奉明成祖之命，率領帝國艦隊開始七次遠航，歷時二十八年，到訪了三十多個印度洋、西太平洋國家，史稱「鄭和下西洋」，總航程高達七萬多海里，足足可以繞地球三圈。

洪武四年（一三七一年），鄭和出生於雲南一個回族家庭，據說他的祖父當過元朝的雲南行省平章，父親是世襲的滇陽侯。現代學者根據《鄭和家譜首序》、《賽典赤家譜》考證，指出鄭和是元朝政治家、中亞布哈拉貴族賽典赤的六世孫，先祖可說異常顯貴。

然而，天有不測風雲，元朝敗亡後，洪武十四年（一三八一年），朱元璋派大將傅友德、藍玉等人率三十萬大軍征討雲南。在戰亂中，年僅十一歲的鄭和被明軍擄獲閹割，在軍中做「秀童」。

雲南平定之後，鄭和隨軍調往北方，因「豐軀偉貌，博辯機敏，有智略，習兵法」，被選送到北京燕王府邸服役，深得朱棣喜愛。

後來，在靖難之役中，鄭和跟隨燕王朱棣南征北戰，立下不少戰功，朱棣登上皇位後對他更加信任。

永樂元年，道衍和尚姚廣孝收他為弟子，法名「福吉祥」。永樂二年（一四〇四年），朱棣為表彰他在鄭村壩立下功績，親筆寫了一個「鄭」字，賜給他為姓，從此更名鄭和，史稱「三保太監」或「三寶太監」。

根據明代御用相士中書舍人袁忠徹的描述：「鄭和身長九尺，腰大十圍，四岳峻而鼻小，眉目分明，耳白過面，齒如編貝，行如虎步，聲音洪亮。」

鄭和頗有智略，知兵習戰，明成祖朱棣對他十分信賴，據說選派他領兵下西洋之前，曾徵詢袁忠徹的意見。袁忠徹回答：「三保姿貌、才智，內侍中無與比者，臣察其氣色，誠可任。」

事實上，鄭和下西洋之前，就曾經奉命出使暹羅、日本，有一定的外交、航海經驗。特別是永樂二年出使日本，與日本建立了外交關係，簽訂了貿易條約，深獲朱棣賞識。

翌年，朱棣對他委以重任，派他出使海外各地，揭開了七下西洋的序幕。

鄭和像英雄一般出發了。他絕對有做英雄的資本，首先是政治資本，朱棣這天下之王站在他這一邊，親友團的身份夠高。其次，他身後有一個世界最強大王朝支持，經濟上沒有問題，不至於讓自己在海上漂泊，忍受饑餓之苦。最後，鄭和天賦高，能文能武，又長時間在皇帝身邊，經過千錘百煉之後，算是一位合格的政治家和軍事家。

根據學者考證，鄭和率領的船艦全是木製，分成五種類型，寶船、馬船、糧船、座船、戰船。其中，寶船兩百六十艘，有九個桅桿，抗風浪能力極強。其餘船隻則充當護衛艦、補給艦。

以長遠影響來看，鄭和下西洋最重要的成效是控制馬六甲海峽，護衛往來中國及海洋貿易的要道。

在中國典籍中，「馬六甲」被寫成「滿剌加」。明朝時，「馬六甲」是一個獨立王國，現在則屬於馬來西亞。這裡之所以聞名於世，是因爲它擁有一條著名的海道——馬六甲海峽。

英國著名的漢學家李約瑟在《中國科學技術史》一書中，這樣評價鄭和的這次壯舉：「在十五世紀上半葉，在地球的東方，從波濤萬頃的中國海面，直到非洲東岸的遼闊海域，呈現出一幅中國人在海上稱雄的圖景。而馬六甲海峽是遠洋航行的必經之地。」

現今的馬六甲，仍能看到鄭和下西洋的痕跡，那裡有當年的寶船複製品，有懸掛著無數中文招牌的店面，有各式各樣的玉器、字畫和木雕工藝品，還有長長的華人街，此外也保留了其他中國古代習俗。

據說，這裡居住的第一批漢人，正是當年鄭和下西洋時留下來的船員，後來在此開枝散葉。

這七次航行，成爲中國航海史上的奇蹟。

從永樂三年（一四〇五年）至宣德八年（一四三三年），鄭和率領著當時世界上最大、最先進的船隊七下西洋，訪問了印度洋、阿拉伯、東非各國，最南到爪哇，最北到麥加，最西到非洲東海岸。航行中「雲帆高張，晝夜星馳。涉彼狂瀾，若履通衢」，場面十分壯觀。

鄭和帶著兩百多艘戰艦以及近三萬名官兵，航行在茫茫的太平洋和印度洋上，來往於馬六甲海峽。龐大的艦隊足可稱霸沿海各國，但是鄭和下西洋的宗旨卻是和平外交，明成祖朱棣特地昭示：「今遣鄭和賚敕普諭朕意，爾等只順天道，恪守朕言，順理安分，勿得違越，不可欺寡，不可凌弱，庶幾共享太平之福。若有虔誠來朝，咸錫皆賞。」

鄭和的航行一直謹遵朱棣的旨意，不進行侵略，不進行戰爭。但是，出門在外，人生地不熟，總有挨人欺負的時候，鄭和也遇到了這樣的情況。

第一次航行，到舊港（今蘇門答臘巨港）時，遭到了陳祖義爲首的一夥海盜攔截，這夥人不知天高地厚，結果被鄭和率兵擊潰。

第三次航行，路過錫蘭，錫蘭國王貪婪，欲搶奪鄭和的財物，故意讓王子纏住鄭和，並派兵五萬劫掠船隊。情況十分危急，但鄭和藝高膽大，僅以兩千人的力量攻佔王宮，活捉錫蘭國王送到中國問罪。結果，錫蘭國王並沒有被殺，反而被送回，從此這個小國成了明朝的忠實擁躉。

第四次出海，鄭和又率隊擊敗了蘇門答臘數萬人的襲擊。

當然，鄭和下西洋不是要和這些冒犯天國之威的人爭鬥，船隊所到之處，做的第一件事就是「開讀賞賜」——宣讀大明皇帝的敕諭，目的是爲「宣教化」，包括「頒中華正朔，宣敷文教」。

同時，鄭和遠航，寶船帶往各國的，都是明朝瑰寶，無論絲綢、瓷器、藥材，還是工藝品、金屬器物等，都十分精良，堪稱極品。

這些朝廷的賚賜品帶給沿途的國家，換來了朝貢的繁榮，當時各國來明使臣絡繹不絕，不但可以得到明朝的庇護，同時還可以得到豐厚的賞賜。據統計，明成祖在位二十二年間，與鄭和下西洋有關的亞非國家使節來華共三一八次，最多的一次有十幾個國家的朝貢使團同時來華，出現了「諸番臣充斥於廷」的盛況。

可以說，鄭和下西洋施行睦鄰友好、互利雙贏的和平交往政策，不僅推動了當時中國海外貿易和經濟發展，也促成了馬六甲及東南亞長達一百年的興盛和繁榮。

明宣宗宣德八年（一四三三年）四月，鄭和在第七次下西洋的回程中，於印度西海岸古里去世。

鄭和七下西洋，在海上生活了三十年，累積了寶貴的航海經驗，也繪製了詳細的航海圖《過洋牽星圖》。只可惜，明宣宗之後，大張旗鼓下西洋宣揚國威，被視爲勞民傷財之舉，鄭和的航海圖被封藏在兵部文件庫，後來遭到燒毀。

第4章

統一東北地區

奴爾干都司，是明政府管轄黑龍江、烏蘇里江流域等地的最高地方行政機構，由明中央政府直接控制，是軍政合一的最高地方行政機構。

中國歷代，一共出現四百多位皇帝，但足以被稱為大帝的寥寥無幾。

明成祖朱棣之所以被後人稱為永樂大帝，主要因為他在文治武功方面都有非凡的建樹，尤其在開疆拓土方面。

永樂時期的疆域「北窮沙漠」，「南極溟海」，「東西抵日出日沒之處」，「凡舟車可至者，無所不屆」，這樣的盛況「蓋兼漢唐而有之」。

在遠征蒙古、七下西洋、收復安南之際，他也統一了東北地區，最遠統治範圍遠到今天西伯利亞。

永樂七年（一四〇九年）閏四月，明朝設立奴爾干都指揮使司，以宦官、海西女真人亦失哈主其事，負責招降各部女真。

奴爾干，女真語為圖畫的意思，表示這裡山川景色美麗如畫。元朝的時候，在這裡曾經設征東招討使，管理和徵收骨嵬部（庫頁島）的軍賦。十四世紀五〇年代又在敦敦河口的哈兒分之地，建立了「吾者野人、乞列迷等處諸軍萬戶府」，都由黑龍江下游的兀者、乞列迷等部管轄。

朱元璋建立了明朝之後，多次派遣官員到這裡進行「招撫」，元遼陽行中書省平章劉益捧著遼東地圖歸降。

後來，朱元璋在遼東地區設遼東都指揮使司，領有二十五衛，範圍東至鴨綠江，西至山海關，南至旅順口，北至開原的三萬衛，北部轄區還包括了遼河。朱元璋降納哈出後，明軍曾出開原，駐紮在松花江南北兩岸。

明成祖朱棣即位後，在明太祖朱元璋經營東北的基礎上，更加強了管理。永樂元年（一四〇三年），明朝政府派官員往諭奴爾干，至吉（乞）列迷諸部招撫，進展很大。

十一月，女眞部落首領阿哈出等入朝，明廷沿用金恤品路建州之名，在其地設建州衛（黑龍江東寧縣境），任命阿哈出爲指揮使。十二月，忽剌溫（呼蘭）女眞部首領西陽哈、鎖失哈等來朝，在其地設兀者衛（呼蘭河中下游），西陽哈被任命爲指揮使，鎖失哈爲同知。

第二年，各部首領相繼入京歸附明朝。明朝政府在此設立了奴爾干、建州等十衛，任命把剌答哈等爲奴爾干衛都指揮同知等官，另外各部的首領又被任命爲指揮同知等職務，而且賜給他們誥印官帶襲衣。

明政府爲了便於管理東北地區的各族人民，從永樂元年（一四〇三年）到永樂七年（一四〇九年）在斡難河、黑龍江流經的南北區域，以及松花江、烏蘇里江、格林河、亨滾河等流域，設置了一三二個衛。於是，海西女眞、建州女眞、野人女眞諸首領相繼歸附。

至此，明政府基本上統一了東北地區。

永樂七年（一四〇九年），奴爾干官員忽剌佟奴來朝，奏請在奴爾干設立元帥府。閏四月，朝廷定議在其地設置奴爾干都指揮使司（簡稱奴爾干都司），由東寧衛指揮康旺爲都指揮同知，千戶王肇舟等爲都指揮僉事。六月，又設置了奴爾干都司經歷司，設經歷一員。

永樂九年（一四一一年）明成祖特地派遣內官亦失哈等率千餘軍官，二十五艘巨船，護送康旺等順黑龍江而下，到亨滾河口對岸特林的奴爾干都司就任。

正式建立的奴爾干都司，是明政府管轄黑龍江、烏蘇里江流域等地的最高地方行政機構。設立了奴爾干都司之後，爲加強對這地區的管轄，明朝政府又陸陸續續建了很多的衛所。到了明英宗正統十二年（一四四七年），共建衛所一八四個，千戶所二十個。

到了明神宗萬曆年間，所建衛所達到三八四個，千戶所二十四個。政令所行西起斡難河，北至外興安嶺，東抵大海，東北達庫頁島。僅黑龍江南北地區的衛所，數量就有六十七個。

斡難河衛、卜魯丹河衛等十四個衛所，設在斡難河以東，嫩江以西，包括呼倫貝爾地區和黑龍江上游南北地區。

沿精奇里江設立的有脫木河衛、古里河衛等五個衛。精奇里江是黑龍江北岸支流，那裡的墾荒歷史有二百多年，沿流域出現了專事農業的一些村屯，如博和哩屯、吳魯蘇屯、黃河屯（海蘭泡）等，這便是歷史上非常有名的「江東六十四屯」。

在黑龍江城以東，到與松花江匯合處附近地區的衛所有可令河、木魯罕山、哈喇察、兀喇衛等九個衛。以庫魯河爲中心（伯力附近）設立了乞勒尼、忽魯木、喜申、古魯、亦兒古里等五個衛。

撒兒忽，哈兒分等四個衛則沿敦敦河流而設。

沿格林河設立了葛林、忽石門、卜魯兀等五個衛。沿亨滾河（黑龍江北岸支流）設立了飲眞河、滿涇、朵兒必河等七個衛。奴爾干、兀的河、和囊哈兒、波羅河（兩個衛在庫頁島上）四個衛設立在由黑龍江到庫頁島一帶。

在烏蘇里江東部地區，還設了克默而河、亦厤河、失里、恨克、雙城（俄稱烏蘇坦克斯克）等十四個衛。

這六十七衛在鴉片戰爭前均為中國領土。

奴爾干都指揮使司由明中央政府直接控制，是軍政合一的最高地方行政機構。設有都指揮使、都指揮同知和都指揮僉事等軍政長官。明成祖朱棣時，由於沒有都指揮使，便以都指揮同知為最高長官。

奴爾干都司轄區的人民，要向明朝政府上繳賦稅。他們通常是上繳當地的土特產，如海東青、大鷹、鼠雕、白兔、黑狐、貂鼠、阿膠、海豹皮、海獾皮、殳角（海象牙）、鯨鬚、好剌（各色鹿）、馬、失剌孫（即土豹）、金錢豹皮等。和內地的地方官吏一樣，各衛所的官員，要對明朝中央政府的命令、調遣絕對服從。

為了方便由內地到奴爾干地區送達文件、運送官兵等，明政府在所轄地區設立了東西兩條驛站線路。

一條是「海西東水陸城站」，自海西底卡失站（今黑龍江雙城縣西，拉林河畔花園屯古城），向東北沿松花江而下，直到黑龍江下游奴爾干都司治所附近的滿涇站，有五十餘個城站分布在此條驛站線路上。

另一條叫「海西西陸路」，從肇州起，經松花江、洮兒河往西直到兀良河（今滿洲里附近）。

這兩條驛站路線又連接了遼寧省東都司轄境內的驛路，這樣一來使得處於邊遠地區的奴爾干都司與內地的聯繫進一步加強了。明朝政府還在驛站經過的地區徵調勞役、畜力，設置站丁、站狗。爲了運輸需要，還在今吉林省吉林市附近松花江畔建立了船廠製造船隻。

亦失哈、康旺、王肇舟等人對創建和經營奴爾干都司的貢獻很大。亦失哈是欽差大臣，康旺、王肇舟屬封疆大吏，自永樂七年（一四〇九年）奴爾干都司籌建，直到建成並受命管理和經營，他們經歷了全過程。

在二十多年中，亦失哈共巡視達十次之多，對邊疆地區少數民族採取柔化撫恤政策，使奴爾干都司所轄地區的少數民族與明朝的關係極爲密切。如永樂五年（一四〇七年），到京師朝貢的納木河等部落的首領就有三百人。永樂十年（一四一二年），奴爾干等處部族頭目到京師朝貢的有七十八人。

另外，他們還在當時奴爾干都司的治所特林建立了一座供奉觀音的永寧寺，並在兩旁立了兩塊石碑，一塊是在永樂十一年（一四一三年）所立，碑上刻有《敕修永寧寺記》；另一塊，則是在宣德八年（一四三三年）所立，碑上刻有《重建永寧寺記》。

這兩塊碑記，記載了明朝政府經營和管理奴爾干都司的經過。

兩塊碑文均用漢文、蒙古文、女眞文、藏文四種文字書寫。碑文中的官員，有漢族人、蒙古族人、女眞族人和其他少數民族，這證明奴爾干都司是明朝這個多民族國家的一級地方政權。

雖然現在永寧寺早已不存在了，但這兩塊石碑在原址巍然挺立五百年，見證了明朝政府管理奴爾干地區的歷史。

第 5 章

徹底壓制倭寇氣焰

明成祖一方面與日本交好，另一方面繼續加強沿海地區的防禦。永樂十七年總兵劉榮在遼東望海堝進行了一次大規模抗倭戰爭，至此倭寇才收斂氣焰。

明成祖永樂年間，不僅派鄭和下西洋、派陳誠出使西域諸國，宣揚「共享太平之福」的理念和天朝禮制體系，對於周邊的近鄰日本、朝鮮，也同樣採取友好的對外政策。

中日兩國長期交好，明朝建立後，朱元璋爲了鞏固兩國間的友好關係，於洪武二年（一三六九年）派僧人楊載出使日本。次年，又派萊州府同知趙秩赴日，詳細闡述明朝的睦鄰政策。

日本國王良懷在第二年遣使奉表進貢馬匹，並送還從明州、台州掠去的七十多名中國人。使臣於洪武四年（一三七一年）十月到達南京，明太祖設宴接待，並命僧人祖闡等八人送日本使者回國，回賜良懷文綺紗羅。

明朝和日本的關係到了洪武中後期有些疏遠，起因於胡惟庸案爆發之後，明太祖懷疑胡惟庸「欲藉日本爲助」，因此「怒日本特甚，決意絕之」。從那之後，日本再沒派使臣到中國來。

明成祖朱棣即位後，於永樂元年（一四〇三年）遣派左通政趙居任、行人張洪偕僧人道成出使日本。就在他們打算啓程時，日本使臣卻早一步到達南京，表示願意和明朝修好，接受封賜並按例朝貢。

明朝對日本使臣很熱情，招待很周到。對使臣所帶貨物，包括違禁的兵器之類，均按時價購買，並遣使隨日本來使回訪。

此後，兩國又恢復了貢使往來。

明初，在寧波設市舶司，日本商人必須持有明朝發給的「勘合」（即憑證）才能進行貿易。明成祖和大臣們商議後規定，日本須每十年一貢，來往的人數不得超過二百，船隻限於兩艘。

但實際上，日本來明朝貿易的人和船舶，都超過規定的數目，而且帶來非常多的走私物品，遠遠超過規定的十倍。

永樂二年（一四〇四年），朱棣冊封朱高熾爲皇太子，日本國特地派使臣來朝賀。當時，對馬、台岐諸島海域有賊寇搶掠濱海居民，朱棣諭令日本國王源道義（足利義滿）剿捕海盜。

不久，源道義下令發兵進剿，盡殲海寇，拘捕匪首二十名。

永樂三年（一四〇五年），日本使臣攜帶貢品及二十名匪首前來。朱棣予以嘉獎，頒賜日本國王源道義九章冕服及錢鈔錦綺，並賞賜永樂通寶一百五十萬枚。隔年，又賞賜國王一千五百萬枚，王妃五百萬枚。

明朝賞賜的銅錢太多了，以致於很長一段時間，日本直接以永樂通寶作爲通行日本的貨幣。

儘管如此，倭寇侵擾沿海的情形並未斷絕。

倭寇指的是十四世紀至十六世紀劫掠中國及朝鮮沿海地區的日本海盜集團。十四世紀日本分裂成南北朝時期，在混戰中失敗的平家武士逃往海上，成了海盜，靠走私搶劫謀生，爲此明朝與朝鮮都加強了海防。

明朝初年，從遼東經山東、浙江到廣東的海岸線上，「島寇倭夷出沒」，甚至登岸剽掠。

洪武二年（一三六九年），太倉衛指揮僉事翁德率領衛所士兵力剿倭寇，生擒數百人，但倭寇仍經常在海上剽掠。爲了杜絕侵擾，明朝大大加強了海上防衛，建城牆列寨，增添了許多戰船。洪武年間先後在遼東到廣東沿海設置五十餘衛，計算起來有兵士二十多萬人。每百戶設一戰船，千戶設十船。海衛五所，共有船五十艘，每船有五十名旗軍。

永樂年間，沿海地區仍常常受到倭寇侵擾，成爲一大禍患。明成祖一方面與日本交好，另一方面繼續加強沿海地區的防禦。

永樂九年（一四一一年）正月，命豐城侯李彬、平江侯陳瑄等率浙江、福建舟師剿捕海寇。永樂十四年（一四一六年）命令都督同知蔡福等帶領兵馬，到山東沿海地區追拿倭寇。

永樂十七年（一四一九年）總兵劉榮（劉江）領導農民在遼東望海堝進行了一次大規模抗倭戰爭，至此倭寇才收斂氣焰。

劉榮一開始頂替父親從軍，後來升任中府右都督，阿魯台歸順明朝時，他改任左都督，作爲總兵官鎭守遼東。劉榮常去各島巡視備戰情況，某次來到金州衛金線島西北的望海堝時，見地勢極爲寬廣，而且處於濱海咽喉要道，便築城堡，設烽堠，嚴陣以待倭寇。

望哨報告倭寇來犯後，劉榮迅速帶領軍隊趕往望海堝，犒勞軍卒，厲兵秣馬，準備迎戰。

倭寇當時正乘三十餘艘船停泊在馬雄島，登岸後直奔望海堝。劉榮依山勢設下埋伏，派都指揮徐剛在山下伏擊，百戶江隆率壯士暗中燒毀敵船，斷掉他們的退路。劉榮親自率步軍與敵交戰，假裝敗退，誘敵進入伏擊地，緊接著四面響起炮聲，士兵全面圍殲倭寇。

自辰至酉時，倭寇大部份殲滅，殘寇退到櫻桃園。劉榮再分兵夾擊，終於把敵人全部消滅。

此次戰鬥共砍首級千餘，生擒一百三十人。

倭寇連年騷擾劫掠，這次備受打擊，很長一段時期內不敢騷擾遼東。永樂十七年九月，劉榮因功被封爲廣寧伯，俸祿一千二百石，賜予世券。次年四月，劉榮去世，賜廣寧侯，追封爲「忠武」。

暗潮洶湧的奪嫡鬥爭

朱高煦以李世民自比，傻瓜都知道，朱高煦的陰謀就是興兵造反，篡位奪權。為避免悲劇的發生，朱棣硬將他分封到樂安州。

第 1 章

三楊鼎力支持朱高熾

朱高熾想繼承皇位有很多風險，從世子到太子，再到皇位的道路上，儘管充滿無數磨難、障礙，有三個大臣一直對朱高熾忠心耿耿，不離不棄。

《明史》說明成祖朱棣「智慮絕人，酷類先帝」。

事實上，在政事上，朱棣也繼承了朱元璋的勤政風格，在他勵精圖治下，明朝進入了繁榮輝煌時期。永樂盛世足以媲美漢唐盛世，此時明朝的綜合國力，無論在亞洲，還是全世界，都是首屈一指。

《明太宗實錄》記載，朱棣每天早晨四更起床，用過早膳後，會在早朝前把所有國事預先籌劃一遍。早朝之後，往往要批閱奏章到很晚。即使在他熟睡時，只要有緊急奏報送來，內侍都必須立刻把他叫醒，否則就要受罰。

至於在選擇帝國接班人方面，朱棣也和朱元璋一樣陷入兩難。

朱高熾能夠被立爲太子，主持《永樂大典》編纂工作的大才子解縉功不可沒。但是，解縉在永樂十三年被錦衣衛活埋，倘使沒有其他人鼎力幫助，朱高熾實在難以安然走上接班道路。

朱棣過於雄霸，朱高煦則處心積慮想成爲帝國接班人，縱然朱高熾當上了太子，想繼承皇位還是有很多風險，隨時都有被廢除的可能。

從世子到太子，再到皇位的道路上，儘管充滿無數磨難、障礙，有三個大臣一直對朱高熾忠心耿耿，不離不棄。

他們分別是楊士奇、楊榮和楊溥，號稱「三楊」。

楊士奇是袁州人，生於一三六五年。當時正值元末明初，軍閥割據，遍地烽火，百姓處於水深火熱之中。爲逃避兵災，楊士奇的老爹帶著他和他的母親四處躲避，過著吃了上頓沒下頓、今天活完不知有沒有明天的苦日子。更令人心酸的是，楊士奇還不滿兩歲，他父親就在一次戰亂中喪生了。

從此，在亂紛紛的世界上，楊士奇就只剩一個可以依靠的親人。儘管世道很混亂，楊母還是相信明天會更好，帶著楊士奇四處逃難的那些年，無論生活多麼艱苦，都再三叮囑楊士奇，一定要好好讀書，只有讀書才能改變階級，改變命運。

楊士奇很聽話，在烽煙四起、朝不保夕、食不果腹的環境中，毅然地讀完《大學》。根據《明史》記載，楊士奇把《大學》讀得滾瓜爛熟，並有自己的見解。

那一年，楊士奇只有五歲，簡直比神童還神。

生了這麼一個天才兒子，楊母堅信前途是光明的。

過了幾年後，朱元璋一統天下。時局穩定下來後，楊士奇母子的生活卻更加艱辛，因爲他們毫無經濟收入。

為了孩子的前途，也為了在困苦的生活中活下去，洪武四年（一三七一年），楊母只好帶著孩子改嫁給德安同知羅性。

羅性是當地出了名的有才之士，見楊士奇頗有學習的天賦，平日閒居就教楊士奇讀書。羅性生性嚴肅，不苟言笑，楊士奇在他教育下，養成老成持重、寡言少語的性格。

羅性全力培養楊士奇，可惜好景不長，一年後羅性得罪了權貴，被貶到陝西戍邊，不久便去世，楊士奇母子不得不再次相依為命。

十五歲那年，楊士奇開始當私塾老師，幾年後謀到一個訓導的小官職。可是，他太粗心大意，竟然將官印弄丟了。弄丟官印不是什麼大罪，但要是有人藉此生事，卻可能被殺頭。楊士奇為了保命，只好腳底抹油，棄官潛逃。

楊士奇這一逃，在社會浪蕩了二十多年。建文年間，明惠帝朱允炆召集文臣修撰《明太祖實錄》，楊士奇經由方孝孺推薦，進入翰林充當編纂官。

明成祖朱棣即位後，楊士奇擔任翰林院編修，不久便進入內閣，參與機要。有過去丟失官印的慘痛教訓，楊士奇為官相當謹慎，在家從不談論公事。他在朱棣面前舉止謙恭敬謹，談事頗有灼見。在朱高煦險惡的奪位計謀中，不少人被羅織入獄，甚至被殺頭，楊士奇則平平安安，力保朱高熾渡過難關。

與楊士奇相比，史書對於楊榮和楊溥年輕時的記述就簡略多了。

楊榮之所以深受朱棣重用，主要是他做了一件看似大逆不道的事——阻止朱棣登基。打敗朱允炆之後，朱棣被勝利沖昏了頭腦，連最基本的表面功夫都忘了，騎著馬急匆匆朝皇帝的寶座衝去。

這時，楊榮突然跳出，死死拉住馬轡。在場的人都嚇住了，只要朱棣一聲令下，楊榮馬上就會變成肉醬。

看著橫眉怒目的朱棣，楊榮笑了笑，鎮定地地問他：「殿下應該先祭拜皇陵呢，還是先繼位？」

眞是一語驚醒夢中人，朱棣聽後，連背心都冒出冷汗。

原因很簡單，朱棣拿朱元璋當幌子，打的旗號是靖難。擊敗朱允炆後，如果不先去祭拜朱元璋，說說場面話，而是急急忙忙地繼位，不就明擺著所謂的「靖難」只是爲了篡位奪權？

朱棣即位後，楊榮被選入文淵閣輔政。當時，內閣一共七人，楊榮年紀最少，但最爲警敏。

被擢升爲內閣大臣之後，楊榮的謀斷能力很令朱棣震驚。譬如，他對寧夏戰報的看法，就給朱棣留下了深刻的印象。因此，每次出征，朱棣都盡可能帶上楊榮，讓他處理關鍵事務。

事情的經過是這樣的，某天晚上，邊關傳來急報，說寧夏被蒙古軍隊圍攻，情勢十分緊急，城池就要被攻破了。

朱棣聞訊後，急忙召集內閣大臣商議對策。那時，朝廷七個內閣大臣輪流值班，晝夜不息。寧夏出事的這一天，恰逢楊榮值班，其他人尚未到齊，朱棣就先問他對這件事的看法。

楊榮認爲此事沒那麼緊急。他敢這麼說的依據是寧夏城防堅固，士兵長期防禦蒙古進攻很有經驗，足以抵抗蒙古軍任何攻擊，十天之內寧夏必然解圍。

急報上寫的日期是十天前，楊榮斷言說寧夏方面馬上會送來解圍的捷報。

結果正如楊榮所料，到了半夜，朱棣就收到寧夏解圍的消息。既然楊榮如此瞭解北方戰事，知道明軍的長處，也知道蒙古軍隊的短處，只要出征蒙古，朱棣就會讓他同行。

至於三楊之一的楊溥，則是湖北石首人，生於洪武五年（一三七二年），自幼家貧勤學，建文元年高中湖廣鄉試第一名。建文二年（一四〇〇年）與楊榮同時高中進士，被任命爲翰林院編修。

明成祖即位後，楊溥改任洗馬、侍奉皇太子朱高熾。有一天日，朱高熾讀《漢書》時，稱讚張釋之頗有賢才。楊溥說道：「張釋之誠然有賢才，但若非漢文帝寬仁，他也無法行志。」

此後，楊溥特意編撰漢文帝的事蹟呈上，朱高熾讀後大悅。

有別於楊士奇的低調、楊榮的沉穩，楊溥是一個很耿直的人，無論遇到什麼情況，立場都很鮮明。

楊士奇、楊榮和楊溥這三個人都支持長子朱高熾，並不是朱高熾給了他們什麼好處，而是朱高熾是他們心目中繼承皇位的理想人選。在這三個士大夫心裡，朱高熾不僅是嫡長子，還是一位宅心仁厚的人。這樣的人當上皇帝後，一定會施行仁政，善待百姓。

第 2 章

接班問題讓朱棣很為難

在該立誰為太子的問題上，朱棣不禁犯難了。關於這個棘手的問題，群臣也分為兩派，一派是武將，另一派是文臣。

眾所周知，靖難之役肇因於朱元璋將帝位傳給孫子朱允炆，導致時任燕王的朱棣心生怨懟，最後發動武裝叛變。豈料，當上皇帝後，朱棣也面臨了皇位繼承人擺不平的問題。

朱棣的三個兒子朱高熾、朱高煦、朱高燧當中，長子朱高熾生性仁厚，和太子朱標是同類型的人，頗得朱元璋喜愛。

有一次，朱高熾和其他親王世子分頭去校閱軍隊，回來得最晚。朱元璋便問他是何緣故。朱高熾回答說：「早晨太冷，我讓士兵們吃完早飯才開始閱兵。」

朱元璋認為他頗有愛惜將士之心。

又有一次，朱元璋讓朱高熾和其餘世子分閱奏章，朱高熾閱畢便呈上，並未修訂奏章裡的錯字。朱元璋問他為何不訂正，他回答說：「文字錯誤是小事，奏章裡所說的政策利弊才是不可忽略的。」

朱元璋聽了，稱讚他頗有人君之識。

史書又說，朱高熾允文允武，善於射箭，「發無不中」。

只可惜，朱高熾後來身體愈發肥胖，又有腳疾，行動不靈活，無法跟隨朱棣上戰場征伐，助長了朱高煦爭奪皇位的機會。

朱高煦之所以會對朱高熾構成強力威脅，在於他生性悍勇，能征善戰，性格和朱棣頗爲相似。

朱高煦在靖難之役期間立下不少戰功，多次營救朱棣，朱棣也曾許諾事成之後立他爲太子。朱棣坐上皇位後，一度想立他爲太子，但衡量各方利害後，最後仍立長子朱高熾爲太子，封朱高煦爲漢王。

這樣結果，自然讓朱高煦極度不滿，開始拉幫結派，奪嫡行動暗潮洶湧。

想到痛失太子之位，朱高煦就恨得牙癢。自從朱棣宣布朱高熾爲太子後，朱高煦不禁感歎上天對他不公平。想當初攻打應天時，如果不是他朱高煦奮勇作戰，朱棣可能連命都沒有，更別說坐上龍椅當皇帝了。

每次攬鏡自照，朱高煦都覺得自己太了不起，簡直是人中龍鳳。與朱高熾那個肥胖、殘廢、笨拙的活死人相比，朱高煦認爲，無論是相貌、體魄，還是軍事謀略上，他都遠勝對方一萬倍。可是，那些說得上話的文臣都瞎了狗眼，竟然沒有一個支持他，這讓他很不爽，也很不解。

不論是平常百姓，還是中國歷朝歷代的皇帝，選擇繼承人之時，基本上都比較喜歡像自己的人，朱棣也不例外。朱高煦像朱棣英武，有勇有謀，相反的，朱高熾身體肥胖、腳有殘疾，意志不太堅定。更令朱棣不喜歡的是，朱高熾仁厚，簡直是朱標、朱允炆的翻版。

進入應天之後，朱棣大開殺戒，朱高熾一再硬著頭皮勸朱棣手下留情。朱棣渴望建立千秋大業，需要一位強硬的繼承人，朱高熾如此文弱，自然不討朱棣喜歡。

可是，皇位一般都要傳給長子。如果處理不好繼承人的問題，朱棣辛辛苦苦搶來的天下，可能又要被別人搶走。

在該立誰爲太子的問題上，即使是英明果斷的朱棣，也不禁犯難了。既然自己拿不定主意，就問問群臣吧。但是，關於這個棘手的問題，群臣也分爲兩派，一派是武將，另一派是文臣。

武將這一派中，大多數是靖難之役的功臣。朱高煦在應天一戰中立了大功，這是衆人皆知的事實。此外，如果由愛好武功的朱高煦繼承皇位，朱棣所施行的「軍事貴族」制就會得到沿襲，武將才有用武之地。相反的，如果讓傾向文治的朱高熾繼承皇位，自然會提升文官的地位，削弱武將在朝廷中的重要性。

支持朱高熾的文臣，以解縉、楊士奇、楊榮和楊溥等人爲首。他們認爲自古以來皇位的繼承人都選立長子。如果長子被捨棄，不僅不合慣例，甚至會引發國家內亂。這批文臣遭遇過靖難之役，不想再遇上一次爲了皇位而爆發的戰亂。

朱高熾有文臣支持，朱高煦有武將支持，彼此勢均力敵。長子是兒子，次子也是兒子，手心手背都是肉，僵持不下的局面很令朱棣爲難。

另外，朱棣還有一個兒子，名叫朱高燧，倘若不及早選立太子，時間拖長了，很可能連他也會加入皇位爭奪大戰。光是兩個兒子的爭鬥就如此難以決斷，等到三個人加入，局勢就更複雜了。

這樣的僵局，後來被解縉打破了。某次朱棣找解縉談話，爲了打消朱棣對朱高熾的疑慮，解縉告訴他，如果朱高熾真的不行，可以考慮重點培養長孫朱瞻基。朱瞻基乖巧伶俐，深得朱棣喜愛，經過這次談話，朱棣立朱高熾爲太子的心，基本上確定了。

事實上，除了身體有疾病之外，朱高熾並不像朱允炆那樣仁弱、優柔寡斷。

費正清在《劍橋中國史》分析說：「朱高熾的祖父洪武帝親自關心燕王的幾個兒子，為這位未來皇帝的溫和性格和他對政治的強烈興趣而感到高興。有一次，洪武帝要他審閱幾份官員的奏章。他有條不紊地把文武兩類分開，並相應地做了報告。

他的祖父不斷地被他的文才和行政能力打動。」

此外，靖難之役如火如荼展開的時候，朱高熾手下只有一萬士兵，卻巧妙地守住北平城，並挫敗了李景隆大軍的一次次攻擊，表現出的戰鬥力和領導力，也讓人印象深刻。

就現實層面而言，如果當初朱高熾沒有守住北平城，朱棣能不能打贏靖難之役還在未定之天。北平是朱棣爭奪皇位的根基，沒有朱高熾爲他守住，他就不能搶到皇位。在靖難之役，朱高煦打的是前鋒，功勞固然不小，但是，也不能忽略朱高熾守禦大後方的作用。

第3章

楊士奇化解一場狂風暴雨

楊士奇想了一個不偏不倚的說法，朱棣聽後，知道太子不是結黨營私、蓄謀篡位奪權的人，終於不再打壓。楊士奇意簡言賅的幾句話，化解了一場狂風暴雨。

朱高熾剛剛被立為太子，朱高煦的麻煩就來了。既然太子之位已經有人坐上，就沒有必要再讓朱高煦留在京城了。

隨即，朱棣準備把朱高煦調去鎮守雲南。那時的雲南還不像現今這麼開發，時不時有暴亂發生。朱棣調朱高煦到雲南，目的之一就是讓他為將來的皇帝朱高熾守住南方。

可是，朱高煦的志向是當皇帝，不是替皇帝賣命。儘管朱高熾當上太子，朱高煦還是不死心，只要朱高熾還沒正式當上皇帝，他就有逆轉的機會。

對朱高煦而言，想當皇帝只有兩個辦法。第一個是造反，第二個是陷害朱高熾，贏得朱棣的歡心。

以現實的態勢來看，朱棣是雄霸之王，只要他還活著，朱高煦就不敢造反，因為他知道自己鬥不過老爹。於是，朱高煦只剩一條路可走：百般陷害朱高熾，讓朱棣改變心意。

遷都之前，蒙古族人時常南下犯邊，北平城又還沒修好，因此朱棣經常北上巡遊。每次巡遊，朱棣都要帶武將和文臣，朱高煦、楊榮等人就曾多次跟隨朱棣北上。皇帝不在的時候，全國大小政務就由太子朱高熾代為處理，專有名詞叫「監國」。

爲了贏得朱棣的歡心，北上巡遊期間，朱高煦表現得循規蹈矩，儼然是一個好孩子。見朱高煦一反常態，朱棣就找他談話。

趁著這次談話，朱高煦大訴苦水。老爹啊，自從靖難之役起，我就不辭辛苦，整日像牛像馬一樣勞累，只爲了幫助您奪得天下。我一沒犯錯，二沒犯法，竟然被貶到鳥不拉屎的雲南，老天對我實在很不公平了，嗚……

回想往事，朱棣也覺得對朱高煦過意不去。尤其是在應天大戰，明明許諾朱高煦有繼承皇位的可能性，最終卻沒有兌現。爲了補償他的損失，朱棣就允許他隨便選擇一塊封地。

朱棣心裡想，帝都已經有了太子朱高熾，朱高煦怎麼選擇，一定不會選擇留在應天（那時還未遷都）。但是，結果大出朱棣的意料。朱高煦告訴他，其他地方都不好，他最想待在應天。

話都已經說出口了，而且也對過朱高煦爽約一次，朱棣只得答應讓他留下來。緊接著，朱高煦充分利用留居應天的優勢，大肆收買朝臣，甚至連朱棣身邊的小太監們都被他收買了。

這些被收買的人四處刺探消息，胡編亂造流言蜚語，時時向朱棣進讒言，千方百計中傷太子黨。

朱高熾能夠當上太子，解縉出力最大，是朱高煦的頭號敵人。在朱高煦陰謀操縱下，解縉被關進大牢，這是太子黨受到的第一波打擊。

永樂十年（一四一二年），利用朱棣出征、太子監國這件事，朱高煦策劃了太子篡權的假象。他買通朱棣身邊的近侍，讓他們天天造謠中傷朱高熾，說他暗懷密謀，想趁朱棣出征篡奪大權。

朱棣生性多疑，身邊的近侍不時造謠說朱高熾將篡位陰謀，久而久之，他有些動搖了。一個視權如命的人，多次聽到大權受到威脅的流言，即使不怎麼相信，也會疑心大起。朱高煦的計劃，就是針對朱棣多疑和視權如命的缺點，想藉此把朱高熾搞下台。

同年九月，朱棣突然回到京城，秘密檢查太子監國期間處理的奏摺，並且私下逐個找重臣，尤其是七大內閣談話。

朱棣發現，朱高熾在批閱奏摺時更改了他頒布的多項法令。

朱高熾的治國理念和朱棣完全不同，渴望以德治國，施行仁政，因此更改很多朱棣頒布的嚴苛法令。朱棣內心懷疑朱高熾正在篡權，見到他擅自更改法令，不禁暴跳如雷！

朱棣將朱高熾罵得狗血淋頭，將大臣們痛批了一頓，又將嚴苛的法令改了回來。大臣們好不容易遇上一個肯與民休息、施行仁政的太子，寬厚的政策卻突然被朱棣廢除，心裡都很不平，紛紛向朱棣上書，說朱高熾的新令比較好。

看著那些爲朱高熾說好話的奏章，朱棣氣得七竅生煙。他剛剛放手讓太子監國，這麼短的時間就有那麼多大臣爲他說好話，這不就說明他結黨營私嗎？朱高熾剛剛處理政務就贏得那麼多人歡心，而他在位殫精竭慮，爲國家出生入死，卻被罵爲暴君，朱棣的猜忌之心更加濃烈了。

在這幫爲太子說好話的人之中，數大理寺丞耿通的言詞最激烈，因而徹底得罪朱棣。耿通一再強調，太子沒有什麼大過錯，太子施行的法令很好，不應該被廢除。可是，朱棣正在氣頭上，聽不進不合心意的話。

於是，他將群臣召集到午門，自己朝正中央一站，大聲數落耿通的罪行：「太子犯的錯，其實很小。但是，不論多麼小的錯，都不能包庇。耿通爲太子說話，就是指責我朱棣，就是離間皇帝父子。離間主上是滔天大罪，這樣的罪犯，一定不能放過！」

朱棣擺明了非殺了耿通不可。

午門是皇宮斬殺犯人的地方，朱棣將群臣都召集到午門，就是想殺一儆百。更令群臣毛骨悚然的是，他竟然給耿通戴了一頂離間皇帝、太子的大帽子。這個重大罪名，聽得群臣戰戰兢兢，太子黨的聲量盪至低谷。

儘管出了這麼大的事，有一個人仍然不怕，堅決支持太子，他就是楊士奇。

楊士奇社會閱歷豐富，對事情有獨到見解，深受朱棣喜愛。有這麼厲害的大臣支持，朱高熾在繼承皇位的道路上才走得有驚無險。

楊士奇行事非常低調，不顯露自己的立場，一般人都不知道他是太子的人，朱高煦不知道，朱棣也不知道。

永樂七年（一四〇九年），為感謝楊士奇一直以來默默支持，太子要送一套大房子給他。可是，楊士奇不接受。

作為一個不為名所動，也不為利所誘的人，楊士奇願意不避千難萬險，默默地支持朱高熾，理由很簡單，因為他是一個真正體恤百姓的人。楊士奇的大半生都生活在社會底層，深深明白國家需要一個仁厚的君主。尋找一位能夠仁懷天下的君主，爲百姓謀福利，是楊士奇一生的夢想。

耿通死後不久，朱棣問楊士奇，太子監國期間表現如何。這個問題看似簡單，實際上不好回答，用詞稍微不恰當，太子就可能因此被打入冷宮。

如果回答太子認眞做事，與朝臣們的關係非常好，聽在朱棣耳裡，無疑會被解讀太子結黨營私，蓄謀篡權；但是，他又不能違心地說太子行事怠惰，沒有心思也沒有能力管理國家。

面對這個很難回答的問題，楊士奇充分調動社會閱歷，想了一個不偏不倚的說法。他說：「在監國期間，太子按規矩處理政事，凡是他所聽取的意見，都有一定程度的合理性；凡是他所反對的建議，大都是不好的。當然了，對於某些近臣的不合理要求，太子還是勇於當面批評和駁斥的。」

朱棣聽後，知道太子不是結黨營私，甚至蓄謀篡位奪權的人，終於不再打壓。楊士奇意簡言賅的幾句話，化解了一場狂風暴雨。

可惜，好景不長，最黑暗的時刻接踵而至。

朱高煦的觸角伸到朝廷的每個角落，楊士奇幾句話就挽回太子頹勢的消息，很快就被他查到了。

眼見朱高熾就要掉入萬劫不復的深淵，看似中立、表面老實的楊士奇竟然出言相救，破壞了朱高煦的陰謀。爲了徹底置太子於死地，朱高煦決定，連楊士奇也一起列入打擊目標。

第 4 章

最黑暗的時刻來到了

作為太子勢力的主要成員，如果楊溥屈打成招，勢必影響太子繼承皇位；如果不招認，面臨的不是死亡就是繼續待在牢獄。

兩年後，永樂十二年（一四一四年），朱棣北征歸來，太子的迎接工作出了一點失誤，不小心遲到了。抓住這個機會，朱高煦一黨大造謠言，說太子故意遲到，壓根沒將朱棣放在眼裡。

看著急急忙忙奔來的朱高熾，朱棣惡狠狠地盯著他。當著衆人的面，朱棣大爆粗口，罵得朱高熾狗血淋頭。朱棣的意思是，他已經一大把年紀了，不顧生命安危，多次出征，還不是爲了鞏固朱高熾的天下！朱高熾舒舒服服地坐在皇宮，卻連迎接工作都做不好，不但笨手笨腳，還居心不良。

這話很惡毒，既攻擊朱高熾的身體，也攻擊朱高熾的用心。

朱高煦一黨見狀，拼命在旁煽風點火，將小事說成大事，將失誤說成圖謀不軌，本就多疑、嗜權的朱棣聽了之後，又懷疑太子居心叵測。

此次出征，朱棣帶上楊榮隨行，甚至將行軍中最重要的印信交給他管理。由此可見，朱棣對楊榮很信任。可是，太子迎接遲到一事，連楊榮都被牽連。這充分說明，朱高煦一黨將這件小事渲染成大逆不道的事。

朱高煦從旁分化挑撥，朱棣身旁的近侍又火上澆油，朱棣本就偏聽偏信，怒火中燒之餘，再次打壓太子，尚書蹇義、大學士黃淮和楊溥等太子黨重要成員，都被關押起來。太子黨紛紛被解除職務，關入錦衣衛大牢，雖然沒搞出人命，但是也得被整個半死。

接連遭受讒言中傷，兩次受到朱棣重重打擊，心志本就不很堅定的朱高熾心灰意冷，感覺繼承皇位無望。與太子不同，儘管被關入大牢，楊溥還是臨危不懼，對一切都滿懷希望。

楊溥進的，可不是一般監牢，而是為特殊罪犯設置的監獄——錦衣衛詔獄。進了詔獄，沒有皇帝的詔令，無論是誰都不能去見面，更別說保釋或者赦免了。

詔獄是特殊的地方，裡面的環境是所有監獄中最惡劣的。在那個黑漆漆、陰冷潮濕的人間地獄，被關進去的人如果沒短時間內被處死或是釋放出來，通常會發生兩種情況，第一是自殺，第二是發瘋。

楊溥被關了一段時間後，錦衣衛才開始審問。

錦衣衛不愧是大明朝傑出的審判機構，工作流程很科學。之所以要先將囚犯關押在暗無天日的人間地獄一段時間，就是要讓囚犯產生心理壓力，衡量招與不招的後果。囚犯在黑牢裡熬一段時間後，再審問起來，就容易多了。

作為太子勢力的主要成員，如果楊溥屈打成招，勢必影響朱高熾繼承皇位；如果不招認，面臨的不是死亡就是繼續待在牢獄。

楊溥不愧是個硬骨頭，無論錦衣衛如何審訊，如何用刑，他都咬牙死撐，不說一個字。錦衣衛的刑訊非常殘酷，據史書記載，有人的腿被打斷後，就直接被抬回大牢，骨頭露出來也沒人管。

但審去審來，錦衣衛都疲乏了，大刑輪流用了一遍，楊溥還是什麼都沒招。政治氣氛不再那麼肅殺之後，錦衣衛也消極怠工了，讓楊溥在大牢裡自生自滅，最後竟然將他忘了，直到朱棣再次問起。

《明史》記載，楊溥被關入大牢，「旦夕且死」，隨時都有腦袋搬家的危險。但楊溥既不怕，也不發瘋，一個人在黑獄中靜靜地讀書，「讀經史諸子書不輟」。楊溥的行爲太雷人了，其他犯人看了之後都很驚訝。

有一天，朱棣突然想到楊溥，就問錦衣衛他在幹什麼。聽說楊溥在詔獄裡讀書後，朱棣大爲吃驚，交代指揮使紀綱，從今以後好好善待楊溥，絕不容許出任何差錯。朱棣和他老爹朱元璋一樣，都很喜愛讀書人。

雖然保住了一條命，但楊溥在詔獄裡一待就是十年，直到朱高熾繼位之後才被放出來。

錦衣衛審問不出什麼結果，朱棣也不能拿朱高熾怎樣，爲了確定下一步該怎麼走，再次召見楊士奇詢問。

朱棣的問話大意是，如果太子沒有二心，爲什麼連迎駕這種小事都會遲到？迎駕遲到違反禮法，是太子存有二心的體現。

事情鬧得這麼大了，即使豁出性命，楊士奇也要保住朱高熾。他對朱棣說：「太子對皇上一直很孝順，至於沒有做好迎駕工作，是我們臣子的過失，錯不在太子，與太子無關。」

朱高煦正想逮住一個機會整治楊士奇。楊士奇拼死爲太子開脫，朱高煦一黨便藉這件事多次進讒中傷，紛紛對朱棣說，太子一黨都被懲治了，楊士奇爲太子開脫，也是太子的人，不能放過啊。

朱棣聽信了讒言，準備懲治楊士奇。

與身陷大獄的楊溥相比，楊士奇對朱高熾更有信心，對未來更加充滿希望。

想到自己可能被抓去蹲錦衣衛大牢，楊士奇去見了太子一面。《明史》描述，楊士奇就像一個長輩告誡孩子一樣，語重心長地告訴朱高熾：「殿下宅心仁厚，將來一定會是一個賢明的皇帝。無論遇上什麼情況，都不能放棄，一定要堅持，望殿下注意保重身體！」

楊士奇願意爲朱高熾捨身赴死，因爲他被朱高熾的仁厚之心打動了。

朱高煦想搶奪皇位繼承權，甚至不惜使用陰謀詭計，朱高熾全都知道。面對朱高煦的卑劣行爲，朱高熾不但不記恨，反而多次爲他辯解。有時，朱高煦犯了錯，朱棣要加以懲治，朱高熾還爲朱高煦求情。楊士奇將這一切都看在眼裡。他深信，朱高熾對敵人都如此仁厚，當上皇帝必定會施行仁政。

第 5 章

朱高煦自以為是李世民

朱高煦以李世民自比，傻瓜都知道，朱高煦的陰謀就是興兵造反，篡位奪權。為避免悲劇的發生，朱棣硬將他分封到樂安州。

朱高煦整治人的手段很毒辣，在他的連環策劃裡，凡是太子的人只有兩條出路可走，第一是去蹲大牢，第二是洗心革面，倒向朱高煦。

並不是所有人都像楊士奇、楊榮和楊溥那麼堅定，很多人追隨太子，只是想傍棵大樹，期盼日後能撈得高官厚祿。眼看太子就要倒台了，爲了保住自己的前途，這些人立即見風轉舵投向朱高煦。

朱高煦府邸門庭若市，人來人往絡繹不絕。看著如此欣榮景象，朱高煦情不自禁爲自己的才華感到驕傲。

《明史》記載，那些日子，朱高煦經常大宴賓客。不僅如此，他還常常問身邊的人說：「我這麼英明神武，難道不像唐太宗李世民嗎？」

李世民是無數君王的偶像，但是，朱高煦把李世民當偶像，並不是嚮往他的文治武功，而是想效法他的玄武門兵變。

李世民排行老二，朱高煦也排行老二。朱高煦認爲，只要他想幹，也能夠發動兵變，誅殺朱高熾和朱高燧。

但是，朱高煦太得意忘形了，不把錦衣衛放在眼裡的後果很嚴重！朱棣聽到錦衣衛報告，不禁冷汗直冒。更令朱棣疑心頓起的是，朱高煦突然要求增加護衛隊的數量。

要是沒有軍隊，李世民根本無法發動兵變。朱高煦這個突如其來的要求，令朱棣再也無法等閒視之。原因很簡單，如果朱高煦真的發動兵變，可能連朱棣都敢殺。縱使不殺他，至少也會將他軟禁起來，然後篡位稱帝。

朱棣打了幾十年的仗，怎能栽在黃毛小子之手？

永樂十三年（一四一五年），朱棣告訴朱高煦，他不能在京城久待，既然不喜歡雲南，那就改封到青州吧。

此次改封，朱棣的目的是想試試朱高煦的反應。要是朱高煦乖乖接受，很快就啓程前去赴任，說明他沒有造反之心；如果他拖拖拉拉，死活不肯離開京城，無疑說明了他圖謀不軌。

果不出朱棣所料，朱高煦上當了。像上次一樣，他還是死乞白賴，打死都不肯離開京城。如此一來，朱棣更加懷疑，下定決心無論如何必須把朱高煦趕出京城，否則後果不堪設想。

太子朱高熾宅心仁厚，不想傷害朱高煦，但擁護他的那些智慮深遠的老臣可不這麼想。這事說來，也怪朱高煦太過囂張，毫不遮掩自己的野心。朱棣剛剛說要把楊士奇關進詔獄，還沒有正式下詔逮捕，朱高煦就說出自比李世民的大話，引起朱棣的疑心。

正在家中自我檢討的楊士奇抓住了這個機會，很快就準備好說詞，靜待朱棣找他詢問。

沒過幾天，朱棣果然問楊士奇是否知道漢王朱高煦的不法舉動。

《明史》記載，楊士奇從從容容地說，他一直在東宮輔佐太子，漢王早就視他爲太子的人，無論漢王有什麼事，都不會告訴他。但是，皇帝封賞兩次，朱高煦卻不肯到地方上去赴任，眼看就要遷都北京了，朱高煦死活都要賴在應天，不知道他想幹什麼。

最後，楊士奇告訴朱棣，這些事情很複雜，皇上還是仔細想一想比較好。

從朱棣與楊士奇的三次談話來看，楊士奇的表現都很到位，很老練。首先，楊士奇一直強調，他的身份是中立的，不是朱高熾的人馬。其次，每次說話，他都留給朱棣選擇的餘地。但是，如果朱棣仔細思考楊士奇的話，就一定會跟著他的思路走，最終選擇對朱高熾有利的決策。

這次談話的結果，同樣有利於太子。

朱高煦幾次都不肯到封地就藩，堅決要求留在應天，這是衆所皆知的事。但經楊士奇這麼一點，朱棣猛然驚覺，朱高煦一定有天大的陰謀，只有留在應天才能實現。再聯想到朱高煦以李世民自比，傻瓜都知道，朱高煦的陰謀就是興兵造反，篡位奪權。

爲避免悲劇的發生，朱棣不管朱高煦願不願意，硬將他分封到樂安州（今山東廣饒）。這次是強制命令，無論朱高煦如何哀求，都必須走。

朱高煦處心積慮，費盡心機，最終結果卻是離皇位越來越遠。如果不出現意外，他的下半生，就只能在樂安州渡過。

從地理位置上看，樂安州離應天遠，離北平近。朱棣這麼安排，主要是讓朱高煦遠離他的老巢應天，且在皇帝的轄控範圍。

萬一朱高煦眞的造反，不到一天的時間，中央的軍隊就能開到他的家門前，只消一袋煙的工夫就能把他清剿。想當初，朱允炆之所以很難平定朱棣，就是因爲北平離應天很遠。

朱棣記取教訓，特意將潛在危險分子朱高煦安排得離帝都很近。

朱高煦被貶走後，眞相開始大白於天下。朱棣很快就知道，以前對太子的種種中傷，都是朱高煦指使的，於是大赦了相關人員。沒有人再來爭奪太子之位，朱高熾終於能順利繼承皇位。

永樂皇帝的最後征途

楊榮堅決要求班師回朝，主要是害怕朱棣病死於征途，朱棣也意識到此時自己生命猶如風中殘燭，擔心自己在外去世，北京政局可能出現變動。

第 1 章

道衍和尚的最後請求

姚廣孝死後，朱棣追贈他為榮國公，親自撰寫神道碑銘，並以文臣身份入祀明祖廟，堪稱前無古人，後無來者。

永樂十六年（一四一八年），朱棣拖著疲憊的身軀前往慶壽寺。三月時分，北平還很冷，迎面不時吹來冷冽寒風。朱棣百忙中抽空前來，只是想見他的良師益友道衍和尚姚廣孝最後一面。

姚廣孝是朱棣的精神導師，倘若沒有他推波助瀾，籌謀策劃，朱棣不一定會造反。可以這麼說，沒有謀略大師姚廣孝，就沒有永樂大帝，也不會有永樂盛世。可是，生活在永樂年間的人，尤其是遭遇或者親眼見證朱棣暴政的人，都很痛恨朱棣，也痛恨煽動朱棣造反的姚廣孝。

如今的姚廣孝已經是八十四歲高齡的老人，生命只剩最後一口氣了。他之所以遲遲不死，苦苦吊著一口氣，只爲等待朱棣到來，對他說幾句話。

朱棣造反之前，和姚廣孝往來很頻繁。一個是野心家，一個是謀略家，兩人的交情很好。朱棣稱帝之後，雖然封了姚廣孝官職，可是姚廣孝還是喜歡當和尚，喜歡他的袈裟，喜歡孤獨。

這些年來，姚廣孝拒絕了朱棣無數次的封賞，一個人過著清修的生活。

永樂二年（一四〇四年），時任太子少師的姚廣孝衣著光鮮地回鄉省親。他是朝廷重臣，一路上受到地方官員熱烈歡迎和奉承拍馬，但是他的親友卻態度冷淡，避不見面。

靖難之役破壞了很多家庭，大家都將責任往朱棣身上推，往朱棣的軍師姚廣孝身上推，指責他助紂為虐。

確實，朱棣執政之初，為了鞏固統治基礎不惜大開殺戒，動不動就滅人九族。姚廣孝曾勸朱棣減少殺戮，朱棣不聽，這是姚廣孝的錯嗎？姚廣孝也曾告訴朱棣，方孝孺不能殺，可是朱棣硬是滅了方孝孺十族，這也是姚廣孝的錯嗎？姚廣孝鼓動朱棣造反，造反成功後朱棣殺了很多人，這究竟是誰的錯呢？

親友故舊避不見面給姚廣孝很大的打擊，自此以後，他白天上朝參政，晚上就誦經念佛。

就在油盡燈枯的時候，朱棣來了，他們兩人之間只剩下一個問題尚未解決——朱允炆的下落。

應天被攻破後，朱允炆一把火將皇宮燒了，之後消失得無影無蹤，活不見人，死不見屍。自從登上皇位起，朱棣日日夜夜都擔心朱允炆突然殺回來，將皇位搶奪去。朱棣堅信朱允炆還沒有死，否則怎麼找不到屍首？

隨著時間的流逝，關於朱允炆去向的傳言越來越多。不少傳言繪聲繪影地說，朱允炆沒有死，他的主錄僧溥洽秘密將他送到某個安全的地方。朱允炆的藏身之地，極有可能就在寺廟裡，因爲溥洽是和尚。

爲了查尋朱允炆的下落，朱棣花費了極大的人力、物力和心力。在這整個過程中，無數人冤屈致死，無數人被秘密殺害，無數人被秘密終身監禁，溥洽就屬於被秘密終身監禁的一員。

朝廷派出密探明察暗訪，幾乎將天下的寺廟都搜遍了，還是沒有找到朱允炆的下落，連朱棣辛苦建立的、監視功能十分強大的東廠都查不出他的行蹤。

修撰《永樂大典》的時候，朱棣曾請姚廣孝襄助編纂，部份用意就在於查訪朱允炆的下落。因爲，想盡可能把佛家的著述收入《永樂大典》，必須請天下高僧協助。朱棣認爲，朱允炆必然受到某些高僧庇護，正好可以藉機查訪。

可是，《永樂大典》修好了，朱棣仍然沒有找到庇護朱允炆的高僧，朱允炆的下落仍然成謎。

朱棣坐在姚廣孝的病榻旁，儘管就要面臨生死離別了，兩人仍像以往一樣，只談國家大事，不談個人私事。

關於朱棣的疑惑，姚廣孝一一答覆，最後，姚廣孝向朱棣提出一個請求，請他放了溥洽。朱棣看著姚廣孝，腦中思潮起伏，一時間不知道說什麼好。

傳言溥洽知道朱允炆的下落，可是關押了這麼多年，他什麼都不說，朱棣無從得知他是否知道。萬一溥洽出去後說出朱允炆的下落，或者其他人別有用心，隨便找個人假冒朱允炆起兵造反，那怎麼辦？

朱棣又看了姚廣孝一眼，姚廣孝的眼神彷彿在說：放心吧，沒事的。

姚廣孝單獨見過溥洽，但關於他們的談話，姚廣孝什麼都沒透露。朱棣細想，也許溥洽對姚廣孝說了朱允炆的下落，也許溥洽根本不知道朱允炆人在哪裡，不管是哪種情況，溥洽出去後，應該不會爲自己的統治帶來麻煩，不然姚廣孝就不會在臨終之前替他求情。

既然造反導師都相信溥洽，朱棣也只好相信。再說，這是姚廣孝的臨終的請求，朱棣不忍心拒絕。

永樂十六年（一四一八年）三月，「黑衣宰相」姚廣孝閉上眼睛，在慶壽寺安詳地死去，臨終之前朱棣答應放了溥洽。

姚廣孝死後，朱棣追贈他爲榮國公，親自撰寫神道碑銘，並以文臣身份入祀明祖廟，堪稱前無古人，後無來者。

姚廣孝的一生，有過轟轟烈烈的追求，也有過經天緯地的夢想。可是，天意弄人，夢想達成後，他就開始背負著世人的咒罵，悔恨地活著。也許，直到死前，他仍然有著很多遺憾。

第2章

人人自危的特務統治

重用錦衣衛的同時，朱棣還設置東廠，這是一個龐大的特務體系，不論是朝廷命官、皇親國戚，還是平民百姓，朱棣都可以迅速得知他們的一舉一動。

朱元璋在位時，爲了穩固政權，施行特務統治，動用錦衣衛偵察官員的一舉一動，輿論經常批評他用法太過嚴酷，「無幾時不變之法，無一日無過之人」。到了晚年，爲了緩解輿論壓力及統治集團內部的矛盾，朱元璋下令罷廢錦衣衛詔獄。

明成祖朱棣當上皇帝後，錦衣衛的權力又開始膨脹。永樂十八年（一四二〇年）八月，朱棣在北京東安門設置東廠，從此東廠與錦衣衛合稱「廠衛」，形成了更爲嚴密的特務系統。

鑑於歷代宦官專權危害朝政，明初的宦官不允許參政，宦官職位不允許超過四品，月俸一石，衣食於內廷。

朱元璋曾對侍臣說：「此曹善者千百中不一二，惡者常千百。若用為耳目，即耳目蔽；用為心腹，即心腹病；馭之之道，在使之畏法，不可使有功。畏法則檢束，有功則驕恣。」

他並於洪武十七年（一三八四年）將這道禁令刻在宮門的鐵牌上，上頭寫著：「不得干預政事，預者斬！」又敕令諸司均不得與宦官機構往來，定制宦官「不許讀書識字」，措施十分嚴厲。

矛盾的是，出於對官僚集團的監控和加強中央集權的考量，朱元璋又有意識地強化宦官機構，並賦予宦官更多權力。

朱元璋在位期間，總共設立十二監、四司、八局，即所謂二十四衙門的龐大宦官機構。十二監指的是司禮監、內官監、御用監、司設監、御司監、神官監、尚膳監、尚寶監、印綬監、直殿監、尚衣監、都知監。四司指惜薪司、鐘鼓司、寶鈔司、混堂司。八局則爲兵仗局、銀作局、浣衣局、巾帽局、針士局、內織染局、酒醋麵局、司苑局。

同時，宦官又被賦予種種超越職權的特權。如洪武八年（一三七五年）五月，朱元璋派宦官趙成往河州市馬。洪武十一年（一三七八年）正月，派宦官陳能至安南國弔祭國王陳之喪。宦官陳景於洪武十二年（一三七九年）三月被派前去向靖江王朱守謙宣讀諭旨，命令他們嚴格守法而正身，還當場逮捕了朱守謙身邊一些爲非作歹之人。

建文帝在位期間，宦官沒有什麼權力。剛即位的時候，他就曉諭各地方官吏嚴密監督外出內侍，有不法之處可將其械送治罪。在宮中對內監管束也非常嚴謹，稍有違忤，立即嚴懲不貸。

這種嚴厲政策，令很多宦官不安，因而「靖難之役」期間，不少宦官都投靠燕王或者暗中提供軍事情報。

朱棣起兵，「刺探宮中事，多以建文帝左右爲耳」。而他自己的宦官，如鄭和等人，在「靖難之役」中，更是出生入死，功不可沒。所以，朱棣即位後，很器重宦官，宦官的權勢遂與日俱增。

永樂元年（一四〇三年），「命內臣齊喜提督干布市舶」。永樂八年（一四一〇年），派內官王安前去都督譚青營，又命馬靖鎮守甘肅。永樂十八年（一四二〇年）八月，在東安門置東廠，宦官先後擁有了市舶、監軍、分鎮、刺探臣民隱私等大權，權勢又一次急速膨脹。至於宦官出使外國、安撫軍民、查勘倉庫、檢免稅收等，也比洪武時期更廣泛、頻繁。

宦官手中權力越來越大，橫行不法的事件也頻頻發生。例如永樂五年（一四〇七年），內使李進在山西以詐傳聖旨，「僞作勘合……假公營私，大爲軍民害」。內官馬騏於永樂二十二年（一四二四年）十月傳旨諭翰林院，往交趾採辦金銀珠寶。這些違法事件最後雖被查處，但此時宦官集團的勢力已充分表現出來了。

明初的特務機構有兩個系統，一是東廠，一是錦衣衛，合稱「廠衛」。

「廠衛」的職責爲「緝訪謀逆妖言大奸惡」，由司禮監施行具體管理。東廠提督一般由司禮監秉筆太監第二人或第三人充任，稱爲督主，有關防一顆，篆文是「欽差總督東廠官校辦事太監關防」。

一般宦官外出，不得持有「欽差」二字的印信，僅稱內官、內臣，而東廠關防則特稱欽差太監，彰顯威信與重要。

提督下屬有掌刑千戶一人，理刑百戶一人，均爲衛官。又有掌班、領班、司房四十餘名及十二管事。役長也叫擋頭，戴尖帽，穿青色素旋褶、白皮靴，有一百多名，專門負責伺察。役長手下有番子一千餘人爲幹事。

雖然東廠與錦衣衛是兩個系統，但關係極密切，彼此經常相互勾結。如果東廠勢力強大，錦衣衛就依附它，如果東廠的勢力被削弱，錦衣衛就會淩駕其上。除皇帝以外，上至官府下到民間的任何人都屬東廠的偵緝範圍。

《明史》說：「每月旦，廠役數百人，掣簽庭中，分瞰官府，其視中府諸外會審大獄、北鎮撫司考訊重犯者日聽記。城門得苛奸，胥吏疏白坐記者上之廠曰打事件。至中華門，雖夤夜，投隙中以入，即屏人達至尊。以故事無大小，天子皆得聞之。家人米鹽猥事，宮中或傳為笑謔，上下惴惴無不畏打事件者。衛之法亦如廠，然須具疏，乃得上聞，以此其勢不及廠遠甚。」

雖說朱棣圓了自己的皇帝夢，可是「帝王夢鄉」並不是十分甘甜，他總是滿腦子狐疑，猜忌著朝中的文武百官和京城百姓。他認為無論是誰都有「篡弒」之嫌，為了防範潛伏於暗處的壞份子，特別重視親衛軍。在他身邊有紀綱、劉江、袁剛三個親衛軍指揮。由於名字發音相近，朱棣每說起他們，就稱「三綱」，並且說：「朕之生死，有賴三綱。」

在這樣的背景下，永樂年間朝野無人不怕「三綱」。特別是對「三綱」之首的紀綱，更是懼怕到了極點。

為什麼呢？因為，紀綱是錦衣衛的指揮使。

紀綱原是濟陽的一名儒生，由於品行不好而遭罷黜。他在燕軍起兵攻打南京路過濟陽時叩馬投效，得到朱棣任用。紀綱雖然品行不好，但善騎射又聰明，被朱棣視為人才，授他忠義衛千戶。

紀綱在朱棣登基後升至錦衣衛指揮使，典親軍、司詔獄。朱棣密令紀綱「廣布校尉，日摘臣民陰事」奏告，把紀綱視作心腹，紀綱更是極為效忠皇帝，派出大批校尉，監視官吏的一舉一動，並及時稟報。

重用錦衣衛的同時，朱棣還設置東廠宦官衙門，形成一個偵緝密察朝野動靜的耳目網絡。透過錦衣衛和宦官的刺探與告密，皇帝得以瞭解朝野上下的一切活動。

實際上，這是一個龐大的特務體系，不論是朝廷命官、皇親國戚，還是平民百姓，朱棣都可以迅速得知他們的一舉一動。

有一次，廣東布政司官徐奇上京時帶了一些嶺南土產分贈廷臣，還列了份詳細名單。這份名單很快就到了朱棣手上。因爲名單上沒有楊士奇的名字，朱棣便把他單獨召來詢問，並準備以私交廷臣之罪處置徐奇和名單上的人。

楊士奇解釋說，當初徐奇要去廣東任職時，很多廷臣作了詩文相贈，故有此贈答；只因當時自己有病，沒去送他，否則肯定也會被列入名單之上。徐奇這次所贈只是些土產，而且不知廷臣是否都會接受他的禮物。

經過楊士奇這番解釋，徐奇才免去一場牢獄之災。

甚至，朱棣還能知道有人在文淵閣席地酣睡。

有一天，文淵閣的庶吉士劉子欽趁中午休息的時候，與幾位朋友品酒，可能是喝多了，回到文淵閣後席地而睡。哪知，睡得稀裡糊塗的時候，迷迷糊糊聽到有腳步聲由外而來，高聲喊道：「皇帝詔見劉子欽！」驚得他一骨碌爬起來，酒意嚇得全沒有了，隨著太監去拜見皇帝。

朱棣見到劉子欽，斥責道：「吾書堂爲汝臥榻耶？罰去其官，可就往爲工部辦事吏。」劉子欽不敢申辯，急忙謝恩，換上胥吏巾服去了工部。

劉子欽剛剛在工部與群吏開始做事，皇帝又叫太監傳見他。劉子欽哪敢耽誤，身上穿著吏服，匆匆去皇宮拜見朱棣。朱棣對他嘲諷道：「你好沒廉恥。」說完，讓左右還他冠帶，令他回文淵閣讀書去。

朱棣除了監控官員的一舉一動，連京城百姓的活動，也在秘密監視範圍。據史書記載，京城街巷中發生了一起幼孫毆打祖母的家庭糾紛，朱棣立馬知道了，那個幼孫差點被定成死罪。

宦官專權，特務橫行，這種特務統治模式，造成了「士大夫不安其職，商賈不安於途，庶民不安於業」，人人自危的恐怖氣氛。

第 3 章

蒙古人又鬧事了

這一仗，兀良哈大敗，有十幾個高級將領被斬首，其餘的四下逃散。丟下屍橫遍野的兀良哈軍隊，朱棣調轉馬頭，狠命追擊阿魯台。

在朱棣強勢領導下，明朝的疆域有了極大拓展，而在東南西北四個大方向中，就數北方最不安寧。蒙古族首領一直很懷念大元帝國，本雅失里、馬哈木、阿魯台都懷抱著重返榮耀的夢想。

經過明軍三次大規模的清剿，本雅失里和馬哈木成爲過去式，只剩阿魯台活躍在歷史舞台上。

瓦剌軍被明軍的神機營大敗後，馬哈木的勢力一落千丈，再也翻不起風浪。窩在長城邊上避難的阿魯台見狀，迅速北上，蒙古的政治勢力再次重組。經過無數次苦戰和一連串陰謀詭計，阿魯台再度崛起，發展成蒙古第一大勢力。

勢力強大後，阿魯台不僅不將蒙古地區的其他勢力放在眼裡，甚至連明朝都敢侵犯。先前大敗給朱棣，阿魯台學到了教訓，認爲只要在明朝邊境小打小鬧，幹事不太過分，明軍就不會派遣大軍征討。如此一來，蒙古軍隊既可以搶到所需的用品，又可以逞威風，眞是天大的好事。

在阿魯台這種思維下，明朝邊關頻頻發送急報，報告蒙古騎兵南下侵擾。剛開始，朱棣並不以爲意，認爲只是蒙古族的散兵游勇糾集鬧事，不值得大驚小怪。後來，邊關告急的文書越來越多，朱棣不再等閒視之了。

蒙古騎兵的侵犯一直持續，朱棣研判這是有組織性的侵犯，如果不在苗頭初露時就及時解決，等到事態發展嚴重，就不容易處理了。

派人一查，果不出朱棣所料，這幫蒙古騎兵不僅有組織性，首領還是曾經公然向明軍挑戰的阿魯台。

永樂十九年（一四二一年）十二月，朱棣召集群臣商議北征事宜，朝中主要官員都表示反對。反對派以兵部尚書方賓、戶部尚書夏原吉、刑部尚書吳中爲首，反對的理由是軍費不足、糧草不足。

《明史紀事本末》記載，夏原吉對朱棣說：「頻年出師無功，戎馬資儲，十喪八九，內外俱疲。」

朱棣是一個戰爭狂，在他手下當官混飯吃，要是膽敢反對他用兵，肯定沒有好下場。結果，戶部尚書夏原吉和刑部尚書吳中等官員全被丟進監獄囚禁，兵部尚書方賓畏懼自殺。

永樂二十年（一四二二年），邊關再次發來急報，阿魯台這廝又率蒙古騎兵劫擾，並且殺死駐守興和城的都指揮使王煥。朱棣再也坐不住了，下詔調遣大軍親征阿魯台。

朱棣命令英國公張輔隨軍出征，北征期間由太子朱高熾監國。這一年，朱棣已經六十二歲。以當時明朝人的平均壽命而言，算是一個老頭子了。

阿魯台敢肆無忌憚侵犯明朝邊境，就是認爲朱棣老了，不會親征。他只忌諱朱棣一個人，如果朱棣不親征，蒙古騎兵就敢跟前來征討的明軍打一場硬仗。想當初，丘福的十萬大軍，不就是敗亡在他手下的？

可是，阿魯台太天眞了，朱棣決定親征。

如果說朱棣第一次征討阿魯台是報復性軍事行爲，那麼這次征討蒙古，就屬於懲罰性軍事行動。此次出征，朱棣只想告訴阿魯台，無論他的勢力多麼強大，只要明軍想打擊他，他一定逃不了。

史書記載，朱棣這次出征動員數十萬大軍，一萬多名騎兵，驢馬三十四萬匹，車輛十七多萬輛，民伕二十三萬五千人，運送軍糧三十七萬石。光看這些數字，就不難理解夏原吉等官員爲什麼反對朱棣出兵征討。

明朝大軍於三月出發，七月到達阿魯台的巢穴沙琿原。大軍一路上沒遇上像樣的抵抗。看著那些不成氣候的蒙古騎兵，朱棣什麼都沒說，只是輕輕地笑了笑。

朱棣老當益壯，越來越勇，相較之下，阿魯台卻是老而無用，越來越怯。聽說明軍一路過關斬將，勢如破竹，阿魯台趕緊領著妻兒老小一路向北狂奔，丟下了兩千匹戰馬。

《劍橋中國史》裡說：「阿魯台已經佔領了張家口之北的興和要塞，並且降服了屏障明朝東北邊境的兀良哈三衛；他計劃在長城附近阻止住中國軍隊，使之不能靠近他的基地。皇帝卻是直趨多倫（在開平衛）附近的阿魯台的營地，同時派二萬人馬進攻兀良哈三衛，終於在七月使之降服。」

沒有逮住阿魯台狠狠暴打一頓，朱棣就將滿腔怒氣潑向兀良哈。

在朱棣與阿魯台的這次戰鬥中，兀良哈完完全全是出氣筒；明朝出軍攻擊兀良哈，並不是恨兀良哈，而是將它當成替罪羊。沒辦法，明軍大舉出動，總要取得一點成績才能回去，否則臉上無光。

朱棣兵分兩路，命一路軍向西開去。他告訴西進部隊，兀良哈聽說朱棣親征，一定會向西撤退，西路軍正好可以截住。朱棣自己則領著另一半人馬，迅速向兀良哈挺進。

剛剛遇上兀良哈，朱棣二話不說，逕自朝敵軍大營衝去。士兵們見朱棣身先士卒，個個奮勇爭先，掄起大刀狠狠地朝敵人的腦袋砍去。

跟著這麼一個愛好打仗的皇帝，如果不奮勇爭先，死的就是自己。

這一仗，兀良哈大敗，十幾個高級將領被斬首，其餘的四下逃散。

丟下屍橫遍野的兀良哈軍隊，朱棣調轉馬頭，狠命追擊阿魯台。阿魯台這次很幸運，張輔率領前鋒軍找了幾個月，連他的影子都沒有找到。到了九月，軍糧就要吃完了，考慮到軍費不足，朱棣不得不下令撤軍。

大軍分東西兩路撤退，朱棣自率東路軍由近路返回。途經清水源時，朱棣命大學士楊榮、金幼孜等人撰寫文書紀行，刻在數十丈的懸崖石壁上，「使後世知朕曾親征過此」。

朱棣的東路軍沒幸運地撞上阿魯台，張輔率領的西路軍，在撤軍途中也沒遇上阿魯台。上天保佑，阿魯台算逃過這一劫了。

第三次親征沒能暴打阿魯台，朱棣頗爲鬱悶，天天都琢磨著該跟誰開戰。

可是，每打一仗，全國就要花費無數財力和物力，動員龐大人力。到永樂末年，國庫已經非常空虛，再也禁不起這樣折騰，全國上下都渴望一個施行仁政、與民休息的君主。

親征阿魯台剛剛過了一年，永樂二十一年（一四二三年）七月，邊關上奏說韃靼可能侵犯邊境。

朱棣想都不想，就頒布一道不可違背的詔令：親征韃靼。邊關守將只說韃靼可能侵犯邊境，朱棣想打仗想瘋了，根本不考慮自己的身體狀況和國庫空虛，說什麼都要率軍出征。

這時候，朱棣身體很差了，史書說他「病重幾危」，大臣們紛紛勸阻。然而，一想到要率軍出征，朱棣卻又精神煥發，完全沒有重病垂危的模樣。

他對臣下說：「阿魯台一定以爲我不會再出兵，我便領兵先到塞外等他，必然能成功。」

七月，朱棣再次領軍親征，又命寧陽侯陳懋爲前鋒，率領陝西、甘肅、寧夏三鎮兵馬，從西路包抄。

明軍剛出發，阿魯台就聽到風聲，趕緊腳底抹油，逃得無影無蹤。

朱棣遍尋不著敵人蹤影，只好在土木堡舉行盛大的閱兵儀式，壯壯聲威，過過乾癟。這次親征動員了三十萬大軍，白白耗費國家龐大的人力、財力和物力，結果卻一無所獲。

國家一無所獲，並不代表朱棣一無所獲。在這次征討途中，他終於解開他二十多年來日思夜想的謎題。

第 4 章

心中的大石頭終於放下了

自從登上皇位起，朱棣就擔心朱允炆突然冒出來，起兵挑戰他的統治。苦苦找尋二十多年，朱棣的疑慮終於消除了。

某個黑漆漆的夜晚，一個風塵僕僕的神秘人，行色匆匆朝明軍大營奔去。遇上明軍的守衛，這個人出示令牌，守衛立即畢恭畢敬地放他通行。

經過重重關卡，他終於來到朱棣的營帳前，靜靜地等著皇帝召見。

此時，疲憊的朱棣已經進入夢鄉，被近侍喚醒後很不高興。但一聽到近侍說胡濙求見，朱棣十分驚訝，即刻宣胡濙進來。

朱棣驚訝的表情裡，暗藏著些許喜悅。他苦苦等了二十幾年，這個讓他臥不安寢、坐不安席的謎題終於要解開了。

胡濙是朱棣的心腹，進士出身，官居給事中，並沒有突出的才學。如果硬說他有什麼特長，那就是擔任絕密性的調查工作。

永樂年間，東廠和錦衣衛的調查工作效率很高，凡是皇帝交代的事，他們都能迅速辦理。可是，有些絕密性質的任務，朱棣還是不放心交給他們。朱棣之所以深夜召見胡濙，是因爲他負責一件最爲絕密的調查工作。普天之下，只有他和朱棣兩人知道調查的內容和具體經過。

胡濙的工作說難很難，說簡單倒也簡單，那就是找人，找建文帝朱允炆。

朱允炆消失得無影無蹤，朱棣很擔心。登上皇位後，朱棣就決定，無論付出多大的代價，一定要找到他，就算爛成白骨，也要從地下挖出來。以大規模性的活動來講，鄭和幾度下西洋，目的之一就是找尋朱允炆。

當時，有傳言說朱允炆流落在南方。胡濙的活動範圍就鎖定兩湖及江浙一帶，主要任務是仔細調查這些地區的大小小寺廟。可是，十年一晃而過，朱允炆仍舊杳無蹤影。

這些年來，胡濙漂泊在外，只爲查訪朱允炆的下落，連生養他的老母親去世了，都不能回家祭悼。

不管胡濙心裡高興不高興，他都必須盡力，儘快查訪到朱允炆的下落，否則朱棣一不高興，他的腦袋就要搬家，說不定還會牽連其他人。胡濙的大好青春，就這樣耗費在南方無數大大小小的寺廟裡。

永樂十四年（一四一六年），不知道朱棣是怎麼想的，突然召胡濙回京。儘管胡濙沒查訪到朱允炆的下落，朱棣還是給予重賞，升任他爲禮部左侍郎。

禮部左侍郎算是禮部的第二把手，胡濙從給事中突然連升好幾級，很多人都感到納悶不解。

三年後的某天，朱棣突發奇想，又一次召見胡濙，讓他再次到江浙一帶查訪朱允炆的下落。胡濙再次開始無日無夜的、不知道何時結束的尋人工作。

當近侍通報胡濙求見時，朱棣睜著惺忪睡眼，內心滿是期待。史書說，朱棣「聞至，急起召入」，胡濙「悉以所聞對，漏下四鼓乃出。至是疑始釋」。

朱棣和胡濙談了很久，史書並沒記載他們兩人都說了些什麼，但可想而知，談話的重點必然是朱允炆的下落。如果沒有帶來朱允炆的消息，胡濙敢在半夜三更求見朱棣嗎？

雖然這些史料付諸闕如，胡濙對朱棣說了什麼已經不重要了，因爲擺在朱棣心中二十多年的疑慮已經解除了。

自從登上皇位起，朱棣就擔心朱允炆突然冒出來，起兵挑戰他的統治地位。爲了防止民間假借朱允炆之名起兵造反，朱棣剛剛登基就對外宣布，朱允炆已經自焚死在宮中。

朱棣不惜一切代價，苦苦找尋朱允炆的下落，最終目的是杜絕他復辟的可能性。從這個意義上說，朱允炆是生是死，流落到哪裡，根本不重要。對朱棣而言，只要不顛覆他的政權，其他都是小事。

就算朱允炆還活著，只要他沒有奪回皇位的意圖，朱棣也不會爲難他。攻破應天的時候，朱棣也曾念及親情，給了朱允炆一次機會，勒令軍隊不可攻進皇宮。這麼做，明擺著不想將朱允炆逼死。

如果朱允炆識大體，乖乖地將皇位禪讓給朱棣，事情的發展對大家都很好。如此一來，朱允炆可以安心「養老」，朱棣也能夠名正言順當皇帝，不用瞎折騰。可是，朱允炆選擇兩敗俱傷，放一把火燒了皇宮，自己消失得無影無蹤，連帶使朱棣背上奪權篡位的罵名。

苦苦找尋二十多年，就在那個夜晚，朱棣的疑慮終於消除了。

既然他的皇位能夠永固，就沒有再繼續找尋朱允炆的必要了。爲了表達對胡濙的獎賞，朱棣正式任命他爲禮部尚書。更爲奇特的是，後來他竟然被朱棣任命爲明宣宗朱瞻基的輔政大臣。

朱棣欽點的輔政大臣只有五位，能力一般的胡濙名列其中，可見他掌握著穩固明宣宗統治地位的關鍵東西。

綜合以上史實，再仔細分析《明史》上「悉以所聞對，漏下四鼓乃出。至是疑始釋」這句話，以及朱棣對胡濙的倚重，不少史學家都認爲，朱允炆並沒死。他們的推論是，胡濙找到了朱允炆，並和他談了未來的打算；朱允炆告訴胡濙，他不想再當皇帝，也不會起兵挑戰朱棣。朱棣聽到胡濙轉述的朱允炆的保證後，二十多年來的擔心、疑慮就此消除了。

第 5 章

千古一帝病逝征途

楊榮堅決要求班師回朝，主要是害怕朱棣病死於征途，朱棣也意識到此時自己生命猶如風中殘燭，擔心自己在外去世，北京政局可能出現變動。

朱棣的一生，有一個心願和一個疑慮。

他的心願，就是當上大明朝的皇帝，開創千古一帝的輝煌霸業。

至於疑慮，則是登上皇位後才產生的，那就是人間蒸發的朱允炆會不會突然冒出來跟他對抗。胡濙的一席話消除了朱棣心中的疑慮後，朱棣放下心中的大石頭，生命也走到盡頭了。

永樂二十二年（一四二四年）正月，邊關又奏報阿魯台率衆侵襲。此時，朱棣已疾病纏身，但對阿魯台降而復叛耿耿於懷。

四月，朱棣再次下令親征蒙古。這是朱棣第五次親征蒙古，距離第四次親征，時間還不到一年。

國家頻繁用兵，屢屢勞師遠征，百姓自然承受不住。儘管國庫空虛，朝廷仍然不得不支持朱棣親征，否則相關人員就要被問罪，不是發配邊疆就是打入大牢，甚至被殺頭。

這次，大臣們不想再和皇帝掰扯了，口徑一致地說：「忠言不可拒，逆賊不可縱，邊患不可坐視，用兵之名不可避，請皇上決斷。」

潛台詞是：你高興怎樣就怎樣，你自己決定吧。

阿魯台非常聰明，專門打游擊戰。明朝大軍前來征討，他就急急忙忙捲起鋪蓋逃得無影無蹤。明軍走了之後，他又冒出頭來侵犯邊境，搶奪財物。朱棣擔心朱高熾繼位後對付不了阿魯台，心一橫，拖著年邁的身體親自出征。為了明朝的帝國大業，朱棣連老命都豁出去了。

這一次，朱棣不再神采奕奕騎在馬上，而是坐在車裡，神情顯得疲累萎靡。

到了五月，明軍終於來到阿魯台的巢穴達達蘭納木爾河。但是，除了緩緩流淌的河水外，只見到車馬留下的痕跡。阿魯台聽說朱棣親征，早就故技重施跑了。張輔等將領率軍搜索方圓三百餘里，都不見韃靼部隊蹤影。

這個時候的朱棣，已經離死亡不遠了。一路上的顛簸，再加上年老多病，朱棣躺在床上奄奄一息。眼見朱棣就快不行了，隨行大臣和武將們開始商量對策。可是，這幫文臣和武將存在著隔閡了，雙方各持己見。

以張輔為首的武將說，他們願意立下軍令狀，領一個月的糧食深入大漠，無論如何一定提阿魯台的人頭回來，完成朱棣的心願。張輔是名將張玉之後，又立下平定安南（今越南）的奇功，很多武將都追隨他。

楊榮不同意，他說大軍走了一個多月才到達達蘭納木爾河，再繼續待下去，就算朱棣的身體撐得住，也會鬧糧荒，無論如何一定要班師回朝。

武將們想建立軍功，不想無功而返。可是，阿魯台是大漠的地頭蛇，行蹤難覓，萬一張輔花了一個月都沒找到阿魯台怎麼辦？

商量來，商量去，辦法沒想出來，文臣和武將卻越吵越兇。聽著這群人激烈爭吵，朱棣有氣無力地說了一句話：班師回朝。

皇帝發話了，沒人敢反對。第五次出征就和第四次一樣，白白耗費人力、物力和財力，結果一無所獲。

走了兩個多月，明軍於七月回到翠微崗。朱棣頗有感慨，召見了楊榮，說了幾句知心話。他告訴楊榮，他戎馬一生，經過無數次戰鬥，最終不得不服老。太子朱高熾監國已有二十多年，接受的磨練夠了，對政務已經熟悉了，應該能夠得心應手地處理全國大小事務。回到京城後，他就將大權交給朱高熾，自己騰出時間好好享享清福。

楊榮靜靜地聽著，最後對朱棣說，朱高熾仁厚愛人，一定會處理好全國事務，不會辜負朱棣的期望。

這些年來，朱高熾遭到朱高煦無數次陷害，處境非常艱苦。朱高煦被朱棣強行遷到安樂州後仍然不死心，還在打皇位的主意。

過去，軍中有不少武將支持朱高煦當皇帝，張輔就是朱高煦的戰友之一。楊榮之所以堅決要求班師回朝，主要是害怕朱棣病死於征途，朱高煦會夥同其他將領發動兵變，篡奪皇位。

如果軍中將領趁機發難，朱高熾的皇位就岌岌可危。

歸途上，朱棣的身體一天比一天差，問得最多次的話是：「什麼時候可以回到北京？」很顯然，他也意識到此時自己生命猶如風中殘燭，擔心自己在外去世，北京政局可能出現變動。

大軍走到內蒙古多倫草原時，有天朱棣環視文武大臣，感慨地說：「夏原吉愛我！」可惜，這時才明白似乎晚了。

楊榮很擔心，不斷祈求老天保佑朱棣活著回到京城。但是，上天並未保佑，七月十八日，剛剛走到榆木川，朱棣就斷氣了，享年六十四歲。

儘管朱棣臨死前留下遺詔：「傳位皇太子，喪服禮儀，一遵太祖遺制。」但楊榮等文臣仍舊憂心忡忡，因為朱棣臨死前，曾經單獨召見大將張輔。

朱棣究竟對張輔說了什麼呢？張輔又會傾向哪邊呢？

除了張輔自己，誰也不知道。

張輔和朱高煦關係密切，兩人的情誼是在戰場上建立的。楊榮無法確定張輔的政治立場，在關鍵時刻，只能選擇先發制人，走一步險棋，封鎖朱棣的死訊。

楊榮秘密收集軍中的錫器，讓工匠鑄成錫棺，將朱棣裝殮，放在龍輿中，每天照常進膳行禮，隨後楊榮和少監海濤先行馳奔北京，密報太子朱高熾。

朱高熾得知消息，立即派皇太孫朱瞻基前往迎喪，自己則到詔獄放出夏原吉，召集官員準備繼位事宜。

八月十日，朱棣的靈柩終於返回北京，朱高熾迎奉於仁智殿。九月十日，奠謚為「體天弘道高明廣運聖武神功純仁至孝文皇帝」，廟號太宗。

事隔百餘年後，明世宗認為朱棣建立不世功業，為了表彰他的功績，於嘉靖十七年（一五三八年）改謚為「啓天弘道高明肇運聖武神功純仁至孝文皇帝」，廟號改為成祖。

朱棣這一生，有功也有過。他生性多疑、殘暴冷酷、好大喜功，但在中國數百個封建帝王中，倒算是個佼佼者。《明史》說他「知人善任，表裡洞達，雄武之略，同符太祖」。意思是說，朱棣英明神武，雄才大略，和明太祖朱元璋一樣。

朱棣的過，則在於殺人如麻，尤其是在登基之際大肆誅殺士大夫。《明史》記載也指出，朱棣「革除之際，倒行逆施，慚德亦曷可掩哉」！

在朱棣帶領下，明朝「六師屢出，漠北塵清。至其季年，威德遐被，四方賓服，明命而入貢殆三十國。幅隕之廣，遠邁漢唐。成功駿烈，卓乎盛矣」。

史學家費正清從人民的視角和國家的發展這兩個層次評價朱棣，認爲朱棣的帝國大夢帶給朝廷和百姓的，其實是災難。

「永樂帝的國內計劃和對外征戰的花費是巨大和浪費的，它們給國家和黎民百姓造成了異常沉重的財政負擔。這些計劃的耗費引起了諸如夏原吉和李時勉等朝廷官員的批評，前者反對對蒙古的第三次征討和鄭和的幾次遠航，後者反對在北京建都。還有人對征剿安南而造成人力和物力的緊張狀況，對漕運制度以及其他國內計劃和對外的冒險行動發表了反對的意見。」

整體而言，朱棣千古一帝的美夢，建立在對百姓的壓榨和對群臣的懲罰之上。

從國家的長遠發展來看，帝國大夢也有貽害。費正清說：「永樂帝留給明代後人的君主們一項複雜的遺產。他們繼承了一個對遠方諸國負有義務的帝國、一條沿著北方邊境的漫長的防線、一個具有許多非常規形式的複雜的文官官僚機構和軍事組織、一個需要大規模的漕運體制以供它生存的宏偉的北京。這只有在一個被帝國理想推動的朝氣蓬勃的領袖領導下才能夠維持。」

也就是說，想要繼續維護大明帝國的統治，後繼者必須擁有朱棣那樣的帝國大夢和才能。可是，明朝後來的繼任者缺乏他那樣的遠大抱負，也欠缺相對的治理能力，國家自然就要崩潰。

從這個角度來說，明朝的敗亡，早在朱棣後期就埋下了禍根。

第 6 章

一代明主壯志未酬

朱高熾是歷史盛讚的賢君明主，以古代賢王為楷模，儘管朱高熾的名氣和功績不像永樂大帝朱棣那麼響亮，但歷史給他的正面評價相當高。

朱棣剛斷氣時，近侍馬雲唯恐政局生變，連忙召集楊榮和金幼孜趕來皇帝大營秘商對策。聽說朱棣死了，楊榮和金幼孜都很擔心朱高煦得知消息，會趁朱高熾尚未登基發動兵變。

樂安府離京城不遠，如果朱高煦發動兵變，恐怕有很多老將會追隨他。如此一來，掌握軍事大權的朱高煦就可以爲所欲爲，結果可能不僅僅是奪權篡位那麼簡單，可能連所有支持太子的人都要遭到滅頂之災。

爲了皇位，朱高煦安插他的兒子朱瞻圻潛伏在京城。朱棣病重的那些日子，來往於京城和樂安府爲朱高煦父子傳遞消息的騎兵絡繹不絕。安排這麼多騎兵傳遞消息，目的只有一個：在第一時間知道朱棣的死訊。

敵人的城府如此之深，以楊榮爲首的太子黨人不得不走一步險棋。

經過一番交頭接耳，馬雲、楊榮和金幼孜決定，暫時不能宣布朱棣的死訊。封鎖皇帝的死訊是重罪，萬一消息走漏，可能被滅族。他們三人這麼做，等於連自己的身家性命都押上了。

制定好密謀後，楊榮擔負最爲緊要的通報任務，和少監海濤飛速朝京城奔去。

朱高熾得知朱棣的死訊，立即和楊榮、蹇義及楊士奇等人商量，該如何順利地繼承皇位，又不激起朱高煦的反抗。經過一番策劃，楊榮等人認爲朱高熾應該先登基稱帝，加強京城的治安，並派人到應天鎮守。

自從遷都後，應天的政治地位一落千丈，但仍有不容小覷的影響力。當初朱高煦遲遲不肯離開應天，目的之一就是想據守開國之都應天鬧事。

朱高熾派去鎮守應天的人，是太監王景弘。將這麼重要的任務交給一個太監，可見太監在明朝的地位不小。

朱高熾登基之後，朱高煦才知道朱棣的死訊。在這之前，他一直被蒙在鼓裡。從表面上看，朱高煦的失敗是因爲消息被封鎖，從本質上來說，他的失敗源自於文官集團的反對。他沒能當上太子，因爲解縉和黃淮等人不喜歡他；他陷害朱高熾的陰謀會被揭發，因爲楊士奇、楊溥和楊榮等人反對他；他想趁朱棣死亡發動兵變卻錯失良機，因爲金幼孜和楊榮等人不給他機會。

永樂二十二年（一四二四年）九月七日，朱高熾正式登基稱帝，史稱明仁宗。

永樂二十二年十二月，朱高熾將朱棣葬於長陵，至此屬於永樂大帝的時代結束了，大明歷史展開了新的一頁。

翌年，朱高熾改年號爲洪熙。

明朝是高度中央集權的國家，君主的性格和個人思想對國家發展影響很大。朱棣是個好大喜功的皇帝，因此不顧群臣反對屢次出兵，多次派人下西洋，建立空前的永樂盛世。相形而言，朱高熾文弱多了，沒有建立曠世帝國的遠大抱負。

朱高熾與殺氣騰騰的朱元璋、朱棣的行事風格截然不同，即位後便取消朱棣定下的嚴苛法令。此外，他也在登基詔書中規定罷西洋寶船，停止迤西市馬和雲南、交趾採辦。

洪熙元年（公元一四二五年）的一天，散朝後，朱高熾留下楊士奇和蹇義兩人閒聊過去的事情。說了幾句後，朱高熾頗多感慨，當著這兩個老臣的面流出眼淚。

朱高熾說，他監國二十多年，時時刻刻都遭到小人的暗算。如果沒有「三楊」等人死力輔助，他可能早就死了，怎麼能夠當上皇帝？這些年來，無論時局多麼險惡，道路多麼艱難，「三楊」等人都站在他這一邊，讓他很感動。

這個時候，在錦衣衛的詔獄裡待了十多年的楊溥，終於等到屬於他的太陽。朱高熾放他出獄，提拔進入內閣，加以重用。這些年來，楊溥在環境惡劣的詔獄裡，吃得又不營養，不知道落下多少怪病。可以想像，如果沒有將讀書視為寄託，楊溥早就對未來灰心絕望了。

朱高熾是好人，對朋友很好，對敵人也不錯。掌握實權後，他為很多遭遇打擊和陷害的人平反，該加官補償的加官補償，該發放財物補償損失的發放財物。凡是因為他而遭到打擊的人，朱高熾都盡力彌補。

不僅如此，對那些曾經陷害他的人，朱高熾也不深究。有才能、能為國家貢獻力量的，他儘量把他們留在朝廷；無才無德的，也只將他們貶為平民，逐出朝廷。

但是，好人總是很難被理解，朱高煦就非常不能理解朱高熾。即使朱高熾登基稱帝了，朱高煦仍然不甘心。史書說，儘管遭受朱高煦種種陰謀暗算，朱高熾並未懷恨在心，登基後不久就增加了朱高煦的俸祿，並授予他的幾個兒子爵位。遺憾的是，朱高煦始終未認錯。

從當時的情況來看，朱高煦仍然這麼猖狂是有道理的，原因很簡單，朱高熾命不長久。朱高熾的身體很不好，當上皇帝後，病情越來越惡化，身體一天比一天差。稍微有一點病理常識的人都知道，照這個樣子惡化下去，肯定活不了兩年。上次沒抓住朱棣翹辮子的機會，朱高煦很懊惱，無論如何，這次一定要抓住朱高熾去世的機會奪位稱帝。

事實證明，朱高煦的感覺是對了，朱高熾活得不長，在位的時間，粗略算一下，不到一年。當然，個人一生的功績，不能以生命的長短來計算，而要看他做了什麼事。儘管朱高熾的執政時間很短，做的都是對國家、百姓有利的事。

剛剛繼位，朱高熾就更改朱棣制定的法令。前面說過，朱高熾監國期間，曾因爲朱棣的很多法令太過嚴苛，私下進行修改。朱棣發現後勃然大怒，大肆打壓太子黨。現在，朱高熾當上皇帝了，沒人能駁斥他了。

朱高熾的第二個舉動是爲遭受朱棣殺害的人平反，下令赦免那些因爲靖難之役被罰爲奴的官員家屬，並且送給他們一定數量的土地，既當做國家賠償，也穩定這些人的生活。

對於遭到滅族的人，朱高熾下令各地政府及相關部門，無論多麼困難都要仔細查訪，看有沒有僥倖逃過劫難的人；找到這些人要立即上報，好讓中央撥付賠償。

當年齊泰和黃子澄都被滅族，齊泰有一個年僅六歲的小兒子，因爲年齡太小，免去殺頭之罪，改罰去戍衛邊疆。朱高熾下詔特赦齊泰的兒子。黃子澄被滅族時，也有個兒子逃過一劫，朝廷查到他的蹤跡後，朱高熾也下詔赦免。

方孝孺的氣節很令朱高熾感動，儘管他被滅十族，按理說不會有什麼親戚和朋友，朱高熾還是下令找尋。朱高熾認爲，像方孝孺這樣的忠臣義士，不應該絕種。在他的心裡，方孝孺不僅是天下讀書人的種子，也是天下有氣節的人的。

找來找去，最後終於找到一個方孝孺的堂弟。方孝孺有一個叔叔名叫方克家，膝下有一個兒子叫方孝復，早年被朱元璋發配邊疆，成了漏網之魚。聽到這個大好消息，朱高熾即刻下令讓方孝復回家。

緊接著，朱高熾成立一個調查小組，調查朱棣在位期間的經費開銷。

爲了千古一帝的美夢，朱棣幾乎榨乾了百姓，也讓財政陷入窘境。爲此，朱高熾派遣調查組到幾個主要的地方政府去查納稅負擔，調查出來的結果令他很心痛，因爲百姓的負擔實在太重了。爲此，朱高熾頒布了很多減輕人民負擔的法令，還免除受自然災害的百姓田賦，並供給他們免費糧食和其他救濟物品。

可惜，好人命不長，洪熙元年（一四二五年）五月份，朱高熾當皇帝不到一年就死了。關於他的死因，有幾種說法，第一種是被雷擊死，第二種是中毒而死，第三種是縱慾過度而死。費正清在《劍橋中國史》則提出另一種說法：「一名太監的報告說他死於心臟病發作，考慮到皇帝的肥胖和足疾，這種說法更爲可信。」

《明史》對朱高熾的評論是：「在位一載。用人行政，善不勝書。使天假之年，涵濡休養，德化之盛，豈不與文、景比隆哉。」

短短幾句話，既點出了朱高熾的功績可以和漢朝的文景之治相提並論，也嘆息他壯志未酬身先死。

朱高熾是歷史盛讚的賢君明主，以古代賢王爲楷模，堅持簡樸，廣施仁愛。更爲重要的是，他對人誠懇，沒有複雜的城府，既是朝臣的君主，也是朝臣的朋友。

從國家發展層次而言，朱高熾大力鞏固明朝統治基礎，糾正永樂年間的嚴酷和不得人心的經濟、軍事和工程計劃，因而受到一致讚譽。儘管他的名氣和功績不像永樂大帝朱棣那麼響亮，但歷史給他的正面評價相當高。

・全書完

曹操和諸葛亮一生中最強勁的對手
陸杰峰
三國大贏家
Three Kingdoms
Sima Yi
司馬懿
上卷
三方博弈
司馬懿有不下於諸葛亮的智商謀劃，
有不弱於曹操的厚黑雄心，
既會裝病裝窩囊，又會裝傻裝弱智，
暗中默默開拓司馬家族勢力，
最後篡奪了三國成果！
司馬懿堪稱中國版的德川家康，
他究竟如何一步步吞噬三國群雄？

永樂大帝：明成祖朱棣

群 星 會

201

作　　者　指點江山
社　　長　陳維都
藝術總監　黃聖文
編輯總監　王　凌
出 版 者　普天出版家族有限公司
新北市汐止區忠二街 6 巷 15 號
TEL / (02) 26435033 (代表號)
FAX / (02) 26486465
E-mail：asia.books@msa.hinet.net
http://www.popu.com.tw/
郵政劃撥 19091443 陳維都帳戶
總 經 銷　旭昇圖書有限公司
新北市中和區中山路二段 352 號 2F
TEL / (02) 22451480 (代表號)
FAX / (02) 22451479
E-mail：s1686688@ms31.hinet.net
法律顧問　西華律師事務所・黃憲男律師
電腦排版　巨新電腦排版有限公司
印製裝訂　久裕印刷事業有限公司
出 版 日　2021 (民 110) 年 8 月第 1 版
ISBN◉978-986-389-785-9　　條碼 9789863897859

國家圖書館出版品預行編目資料

永樂大帝：明成祖朱棣／
指點江山著.—第 1 版.—：新北市,普天出版
民 110.8 面； 公分. - (群星會；201)
ISBN◉978-986-389-785-9 (平裝)

普天之下‧盡是好書

普天出版家族
Popular Press Family

凌雲 A-Plus Creative Company 文創